하나님 나라의 윤리

- 통일을 준비하는 기독교 사회윤리 -

이 연구는 2021년도 서울신학대학교 교내 연구비 지원에 의한 것임.

하나님 나라의 윤리

- 통일을 준비하는 기독교 사회윤리 -

박삼경 지음

열린서원

성주산 기슭의 모교에서 가르치는 사역을 한 지도 어느 덧 십년
이 훌쩍 지나갔다. 시간이 유수처럼 흘러간다. 그 흘러가는 시간 가
운데 학교에서 연구년을 허락해주어서 그동안 가르치고 썼던 글들을
모아 정리하면서 대나무의 매듭을 짓는 것처럼 내 학문여정의 한 획
의 매듭을 지어보았다. 쉽지 않은 일이었다. 선택과 집중이 제대로
되지 않았다. 그럼에도 불구하고 한편의 영화, 〈흐르는 강물처럼〉에
서 주인공인 아들과 목사인 그의 아버지가 함께 흐르는 강물에서 낚
시하는 장면이 떠오른다. 낚시하면서 아버지가 아들에게 "완전한 이
해 없이도 우리는 완전하게 사랑할 수 있다."라고 말을 걸어온다. 내
가 사랑하는 학문의 화두는 무엇일까?

분단된 한반도에서 신학과 윤리함의 의미가 무엇일까? 라는 질
문이 늘 가슴에 있다. 이 질문의 한 답변의 시도로 "하나님 나라의
윤리"라는 책을 썼다. 본 책의 내용은 내 박사학위 논문에서 많은 학
문의 빚을 지고 있다. 박사학위의 논문과 그동안 발표했던 글들을 가
지고 하나님 나라의 윤리의 내용을 엮어 보았다. 특별히 나의 신앙여
정가운데 학문의 길을 안내해주었던 신학책들과 은사 선생님들을 기
억하면서 감사한 마음으로 책을 만들었다. 간략하게 책의 내용을 살
펴본다. 연세대학교 연합신학대학원에서 기독교 윤리를 가르쳐 주신

김중기 교수님의 구조론적 가치체계를 가지고 하나님 나라 윤리의 방법론을 모색해 보았다. 책 1부에서는 자서전적인 신앙전기를 통해 하나님 나라의 윤리가 어떻게 형성되었는가를 말하고 2부에서 4부까지는 내가 만났던 한국신학들을 소개하면서 구조론적 가치체계에서 말하는 궁극적인 가치인 자유, 사랑, 그리고 평화를 민중신학과 상생신학 그리고 통일신학에서 그 가치들의 의미를 도출해 보려고 하였다 결론으로는 하나님 나라의 윤리를 향하여 나아가기를 전망해 보았다. 부록으로 석 박사과정을 하면서 하나님 나라의 윤리에 관련하여 쓴 소고들을 첨가하였다.

이 책이 출간되기까지 도움을 주신 분들이 있다. 책을 쓸 수 있도록 연구년과 연구비 지원을 허락해 주신 황덕형 총장님께 마음깊이 감사드린다. 그리고 옆에서 응원해 주신 동료 그리고 선배 교수님들과 친구들에게 고마움을 표한다. 그리고 몸은 멀리 있지만 항상 기도와 인내로 기다려 준 나의 아내, 명혜와 아들 영산(Paul)과 딸 영서(Sarah)에게 감사한 마음을 전한다. 특히 늘 든든한 버팀목이 되어주시는 큰 형님과 둘째 형님 그리고 하늘에서 보고 계실 양가의 아버지와 어머니 그리고 아다 마리아 이사시 디아즈(Prof. Ada Maria Isasi-Diaz) 선생님에게도 감사한 마음을 보내고 싶다.

2023년 8월 1일

박삼경

하나님의 기억은 영생이다.

들어가는 말

1. 하나님 나라의 윤리

분단된 조국의 현실에서 신학과 윤리함의 의미가 무엇인가? 앞으로 다가올 통일을 준비하는 마음으로 하나님 나라의 윤리를 제안한다. 그 하나님 나라 윤리의 주된 요소들은 어떠한 것일까? 평화 통일을 이루어감에 필요한 신학-윤리의 지침들은 무엇일까? 본 글은 하나님 나라의 윤리를 이루는 요소들을 민중신학과 상생신학 그리고 통일신학에서 찾아본다. 하나님 나라 윤리의 가치들로 민중신학에서의 자유와 해방, 상생신학의 사랑과 화해 그리고 통일신학에서의 평화와 일치를 성찰한다.

민중신학에 나타난 자유와 해방의 의미란 억압에서 벗어나 온전한 인간성을 이루는 것과 정의로운 사회를 건설하는 것이다. 하나님의 정의를 이 땅에 이루기 위해 어떤 결정함에 있어서 모든 사람들이 주체적으로 참여할 수 있는 민주적인 구조를 창출하는 것으로도 이해한다. 상생신학의 핵심개념인 해원-상생은 사랑과 화해를 뜻하며 이는 갈등으로 축척된 사람들의 한을 푸는 것을 의미한다. 통일신학은 21세기의 평화통일을 이루기 위한 본질적인 윤리 가치들로 평화와 일치를 추구한다. 이러한 신학-윤리적인 성찰들은 하나님 나라

윤리의 샬롬공동체를 형성하는 데 있어서 무엇보다 정의가 본질적인
주된 요소라는 것을 보여주면서 또한 하나님 나라 윤리의 중심 내용
들이 어떤 것인지를 보여준다.

2. 하나님 나라의 윤리 방법과 구조론적 가치체계

미국의 기독교 윤리학자인 헬무트 리챠드 니버(Hermut Richard
Niebuhr 1894-1962)의 3가지 유형의 윤리체계를 알아본다.[1] 첫 번
째는 아리스토텔레스(Aristotle 384 BC -322 BC)의 철학에 기초한 목
적론적 윤리 유형(teleological ethics type)이다. 이 목적론적인 윤리
의 가치질문은 무엇이 선한 것이냐? (What is the good?)이다. 이 유
형은 선(the good)을 추구하면서 인간 자기 스스로를 만들어가는 윤
리체계로써 니버는 인간을 man-the-maker로 보고 있다. 여기서
문제점은 인간이 궁극적으로 관심을 갖게 되는 것이 선한가치가 될
수 있을까? 라는 점이다. 그런 면에서 목적이 수단을 정당화시킬 수
있다. 두 번째는 임마누엘 칸트(Immanuel Kant 1724-1804)의 철학을
배경으로 한 의무론적인 윤리 유형(deontological ethics type)이다.
이 의무론적인 윤리의 가치질문은 무엇이 옳은 것이냐? (What is the
right?)이다. 이 유형은 법(law)을 지키는 윤리체계로써 니버는 인간
을 man-the-citizen으로 보고 있다. 여기서 문제점은 그 법을 누가

---

1) H. Richard Niebuhr, *The Responsible Self.* (New York: Harper & Row,
   Publishers, 1963), 48-56.

(who) 누구를 위하여(for whom) 만드느냐에 있다. 세 번째는 니버 자신이 제언하는 책임 윤리 유형(response ethics type)이다. 이 책임 윤리 유형에서 묻는 질문은 무엇이 적합한 것이냐? (What is the fitting?)이다. 이 유형은 주어진 상황 속에서 가장 적합하게 윤리적으로 응답하는 길이 무엇인가에 초점을 두는 윤리체계로써 니버는 인간을 man-the-answerer로 본다. 다른 말로 인간을 어떤 상황 혹은 어떤 대상과 대화하고 상호 반응하는 관계적인 존재로 보는 윤리체계이다.

본 글에서 저자는 김중기 교수의 구조론적 가치 체계를 활용하여 하나님 나라의 윤리 방법을 소개한다. 이 땅에 살면서 사람들이 추구하는 기초적 가치체계로 돈, 권력, 명예를 말한다. 그리고 궁극적인 가치로서 사랑, 평화, 자유를 말한다. 이를 그림으로 표현하면 다음과 같다.[2]

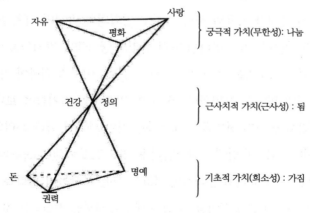

구조론적 가치 체계

2) 김중기, "구조론적 분석과 가치체계론," 『신학논단』 제17집, (연세대학교출판부, 1990), 180.

하나님 나라 윤리의 접근 방법은 정의를 중심으로 궁극적인 가치들인 사랑과 평화 그리고 자유를 추구하는 것이다. 자유, 사랑, 그리고 평화의 궁극적인 가치들은 기초적인 가치들과 긴밀한 관계를 갖는다. 예를 들어 돈을 가난한 사람들을 돕는데 사용하면 그것은 궁극적인 가치인 사랑을 이루는 것이고, 권력을 억압받는 사람들을 해방시켜 주는데 행사하면 이는 평화를 이루는 것이고, 상대의 명예를 먼저 생각하며 인간의 본질적 존엄성을 향상시키면 그것이 서로의 자유를 지키는 것이 될 수 있다.3) 사랑과 평화 그리고 자유의 궁극적인 가치들을 기초적인 가치들인 돈과 권력 그리고 명예들과 어떻게 관련짓게 하느냐가 하나님 나라 윤리의 접근 방법이다. 다시말해 희소성을 가진 기초적인 가치들을 어떻게 정의롭게 나누면서 궁극적인 가치들을 성취해가느냐 하는 것이다. 구조론적 가치 체계에서 하나님 나라의 윤리란 자유와 사랑 그리고 평화의 궁극적인 가치들만을 의미하지 않는다. 이는 하나님 나라 윤리의 궁극적인 가치들을 이 땅에서 온전히 이루지는 못하지만 근사치적으로 이루기 위하여 기초적인 가치들의 활용을 포함한다. 또한 이 기초적인 가치들을 보다 더 많은 사람들을 위해 정의롭게 배분하는 것이 하나님 나라 윤리의 접근방법이다. 이는 이 땅에서 하나님의 통치를 맛보는 것(Glimpse)이다.

하나님 나라 윤리의 궁극적인 목표는 모든 사람들이 평화롭고 정의로운 사회에서 함께 살아갈 수 있는 새로운 사회를 건설하는 것이다.

---

3) 김중기, "구조론적 분석과 가치체계론," 181.

이러한 목표를 향해 나아가기 위해서는 하나님 나라 윤리는 우리 사회의 대안적 비전, 즉 정의롭고 보다 인간적인 사회에 대한 비전을 바탕으로 시작되어야 한다. 따라서 하나님 나라 윤리는 정치적 억압, 경제적 착취, 문화적 제국주의를 극복해야 한다. 이러한 목표는 모든 사람이 하나님의 형상과 모양대로 지음 받았다는 기독교적 관점에 기초하여 모든 사람의 가치와 존엄성을 증진하는 진정한 공동체를 가져올 것이다.

또한 하나님 나라 윤리는 한반도의 분단에서 야기된 억압, 착취, 지배의 문제와 관련이 있다. 분단은 남한과 북한 사회에 존재하는 구조적 악의 주요 원인 중 하나이다. 남한과 북한 사이의 군사적 경쟁, 상호 불신, 상호 비방, 적대감의 지속적인 고조는 이러한 구조적 악을 생성하고 지속시킨다. 기독교적 관점에서 볼 때, 한반도의 분단은 구조적 폭력의 뿌리가 되고 그로 인한 사람들의 고통뿐만 아니라 남한과 북한에서 불의한 체제를 만들고 유지하는 데 기여했기 때문에 죄악이다.

21세기 하나님 나라 윤리는 현존하는 불의에 대처하고, 서로에게 쌓인 적대감을 해소하며, 다양성을 보존하는 공동체 의식을 구축하는 데 중점을 둔다. 사랑의 정신과 적극적인 정의실천이 하나님 나라 윤리를 구축한다. 이러한 신념은 1970년부터 한국에서 정교화된 세 가지 기독교 신학인 민중신학, 상생신학, 통일신학에 대한 연구를 바탕으로 한다. 민중신학은 1970년대 한국에서 박정희 독재 정권의 억압에 대한 대항으로 발전했다. 민중신학의 주요 초점은 억압과 가난의 속박에서 민중을 해방시키는 것이다. 한국의 토착 종교 사상을 바탕으로 한 상생신학은 1980년대에 감리교신학대학교 교수로 재직 중인 신학자 박종천과 미국에 거주하는 한국계 미국인 신학자 홍정수에 의해 제안되었다. 상생신학의 주요 초점은 한국의 동족상잔을 극복하고 한반도의 사랑과 화해의 토대를 구축하기 위한 것이다. 또한 1980년대에는 한국에서 통일을 향한 논의가 활발해지면서 통일신학이 등장했다. 이 운동을 대표하는 주요 신학자로는 박순경, 문익환, 노정선 등이 있다. 통일신학의 주요 초점은 통일된 민족 국가를 만들 수 있는 종교적 이해와 동기를 제공하는 것이다. 통일신학은 남북한 주민이 한 민족이며 다시 한 민족이 되어야 한다는 사실을 반영하여 밥상 공동체의 나눔과 참여를 기반으로 한다.

하나님 나라 윤리를 정교화하는 첫 번째 요소인 자유와 해방은 70년대와 80년대 한국의 군사 독재에 대항하는 민주화 운동 과정에서 사회 정의를 위한 기독교의 투쟁 속에서 탄생한 민중신학에서 비롯된 사상이다. 민중신학은 다른 해방신학과 마찬가지로 가난한 사람들이 모든 종류의 구조적 불의에 대한 즉각적이고 역사적인 경험에서 얻은 정의에 대한 특별한 지식, 즉 인식론적 특권을 가지고 있다. 민중신학에서 가난한 자의 중심성은 경제적으로뿐만 아니라 성별(Sexuality)과 민족 그리고 인종에 대한 지배적인 이해에 의해 억압받는 모든 사람들을 포함하도록 확장되었다. 저명한 1세대 민중신학자 서남동, 안병무, 김용복의 글은 자유와 해방과 하나님 나라의 관계를 이해하는 데 많은 도움을 주었다. 서남동은 하나님 나라를 참여적 민중민주주의를 통해 인간의 자유와 평등이 보장되는 사회로 이해했다. 안병무에게 하나님 나라에 참여한다는 것은 평등주의 사회로 돌아가는 것을 의미한다. 하나님 나라는 정의, 코이노니아, 샬롬의 규칙이 지배하는 사회를 의미한다는 김용복 교수의 이해는 통일신학의 핵심인 일치 그리고 공동체 문제를 하나님 나라의 윤리가 어떻게 다루어야 하는지를 더 탐구할 필요성을 갖게 한다. 그리고 민중의 한을 강조하면서 그와 관련된 누적된 아픔과 고통, 억울함을 다루는 상생 신학을 돌아보게 한다.

두 번째 사랑과 화해의 윤리는 한국 문화의 핵심 요소인 불교와 샤머니즘을 연구한 박종천과 홍정수라는 두 명의 상생 신학자의 저작을 활용했다. 상생 신학은 19세기 한국의 사상가 강증산(1871~1909)이 제안한 해원 상생(해원은 '원한의 해소'를, 상생은 '사랑 나눔'을 뜻함)을 기반으로 한다. 강증산은 해원의 샤머니즘 전통을 불교, 유교, 도교의 요소와 결합하여 통합했다. 박종천과 홍정수는 강증산의 사상을 바탕으로 상생의 세계는 혁명적이거나 폭력적인 수단이 아니라 상생의 원리가 특징인 평화적이고 비폭력적인 방법으로 공존, 사랑, 평등, 정의, 화해가 중심이 되는 새로운 사회를 말한다.

하나님 나라 윤리를 정교화하는 세 번째 원천은 한국의 분단을 악으로 보는 통일신학이다. 통일신학은 평화와 일치를 추구한다. 통일신학은 1988년부터 신학자, 목회자, 진보적 기독교인들 사이에서 논의되어 왔다. 이화여대에서 가르쳤고 지금은 고인이 된 박순경 교수는 신학적 관점에서 한국의 통일에 주목한 최초의 여성 신학자였다. 그녀는 분단의 멍에와 죄를 짊어진 한민족의 통일을 향한 절규를 그리스도께서 들으시고 우리에게 오실 것이라는 믿음 없이는 통일신학은 불가능하다고 말한다.[4] 그리고 1990년대 통일운동가로 활동하다 지금은 고인이 된 통일신학자 문익환은 남한 국민을 위한 사회 정의와 복지 문제를 한국 통일을 위한 중요한 길로 여겼다. 그는 진정으로 정의롭고 민주적인 사회 없이는 통일이 불가능하며, 진정한 민주주의와 통일은 동전의 양면과 같은 하나의 문제라고 생각했다. 문익환에게 대한민국 국민은 한 몸, 한 민족, 한 국가이다. 그가 생각하는 사회는 분열 없이 일치를 이루며 모든 차이를 포용하는 평화의 공동체가 되는 것을 의미한다.

통일 신학자 노정선 교수는 북한을 여러 차례 방문하며 북한 기독교 단체들과 접촉한 신학자이자 활동가이다. 그에 따르면 아담과 하나님은 처음에 통일을 누렸지만 결국 분열을 경험하였다. 최초의 인간과 하나님 사이의 분열을 죄라고 부른다. 박순경의 발자취를 따라 노정선 교수는 북한의 이념인 주체사상을 일부분 긍정적으로 언급하며 남한이 전혀 자립하지 못하고 강대국에 의존하고 있는 것을 비판한다. 강대국들이 한반도에 강요한 자본주의와 공산주의와 같은 이데올로기를 지지하여 분단을 초래한 것에 대해 먼저 회개하는 것이 진정한 평화의 길로 가는 첫 걸음이다.

한국신학의 민중신학, 상생신학, 그리고 통일신학에 관한 내용을

---

4) 박순경, 「통일신학의 여정」 (서울: 한울 1992), 69.

알아보기 전에 제1부에서는 저자의 자서전적인 신앙 여정을 소개한다. 그리고 하나님 나라 윤리의 걸림돌인 억압이라는 것을 미국 시카고대학교 정치학교수였던 아이리스 매리언 영(Iris Marion Young, 1949- 2006)의 패러다임을 사용하여 분석한다. 그동안 하나님 나라 윤리에 관해 다양한 신학적, 윤리적 관점에서 많은 연구가 이루어졌지만, 민중신학, 상생신학, 그리고 통일신학, 즉 한국 신학들의 내용을 통해 하나님 나라 윤리를 통합하는 작업은 처음이라 할 수 있다.

1부

하나님 나라의 윤리 형성

하나님 나라의 윤리 형성

1. 자서전적 신앙 여정[1]

　　분단된 한반도에서 신학과 윤리를 공부한다는 것은 어떤 의미일까? 이 질문은 신앙 여정을 시작할 때부터 늘 내 가슴에 품은 화두였다. 나의 자서전적 신앙 여정을 서술하는 것은 내가 살아온 역사적이고 사회적인 현실에 의해 구성이 된 하나님 나라 윤리의 담론에 내가 어떻게 연루되어 있는지를 확인하는 방법이다. 따라서 전기적 정보를 공개하는 것은 '인식론적 경계'(epistemological vigilance)를 행사하려는 나의 시도이며, 나에게 영향을 미치고 내가 알고 이해하는 것을 제한하는 경험과 그 이해와 경험의 차이를 식별하려는 것이다.

　　하나님 나라 윤리는 자신의 행동 방식과 삶의 방식이 자신의 도

---

1) Park Sam-Kyung, "What's the Right thing to do for Korean Reunification?" *Madang*. Vol. 23 (June 2015), 129-152. 일부 내용을 번역하여 인용.

덕적, 신학적 주장을 정의하거나 구성한다는 의미에서 자서전적이라고 할 수 있다.[2] 다시 말해, 나의 자서전적 신앙 전기는 하나님 나라 윤리 담론의 근간을 이루고 있다. 이러한 이해는 지식이 경험에 기반을 두고 있다는 사실을 강조한다. 지식은 단순한 아이디어의 집합이 아니라 경험에서 나오는 이해이기도 하다. 하나님 나라 윤리담론에서 내 삶의 여정이 차지하는 역할을 인식하면 내 신앙적 관점이 아닌 다른 관점도 소중히 여기게 된다. 자기 자신의 경험이 생각에 큰 영향을 미친다는 것을 인식하면 자신과 다른 다양한 관점이 존재한다는 것을 인식하게 되는데, 이는 자신과 다른 경험이 끝없이 존재하기 때문이다. 자신의 제한된 경험은 다른 사람의 경험과 그 경험에서 나오는 이해를 받아들이는 것으로 이어진다. 따라서 신학과 윤리에 대한 나의 자서전적 접근이 하나님 나라 윤리담론의 다양성의 중요함을 더욱 알게한다.

　나는 복음주의 성결교회 전통의 보수적인 신앙 분위기에서 자랐다. 나의 신앙과 사고는 교회 생활에 의해 형성되고 발전되었다. 내가 어렸을 때 다녔던 교회는 사회적 문제에 무관심했다. 교역자는 주로 개인의 윤리에 대해서만 설교했고 영적인 문제에만 관심을 가졌다. 당시 우리 사회에 만연해 있던 인권 침해와 사회정의에 관해서는 큰 목소리를 내지 않았다. 그 당시 내 개인적인 이념에는 "현상 유지"에 관한 견해가 많이 포함되어 있었던 것은 놀라운 일이 아니다.

---

2) Lee Jung-Young, *Marginality: The Key to Multicultural Theology*. (Minneapolis, MN: Augsburg Fortress, 1995), 7.

그 시절의 내 생각은 다음과 같은 주장으로 설명할 수 있다. "누구나 열심히 노력하면 성공할 수 있다." "가난하게 사는 사람들은 단지 게으른 것뿐이다." "미국은 모두를 위한 정의에만 관심이 있는 자비로운 나라다."

2. 패러다임 전환

1) 학생 운동

대학시절은 나에게 있어 큰 성장의 시기였고, 하나님 나라 윤리에 관한 생각에 큰 변화를 경험했다. 특히 그 당시 세대의 학생들은 자신을 소개할 때 대학에 입학한 해를 언급한다. 내가 대학에 입학한 1980년은 광주 학살로 이어진 학생 시위와 데모로 인해 혼란과 비극이 계속되던 해였다. 이 사건으로 인해 수년간의 사회적, 정치적 불안이 시작되었고, 학생 민주화 운동이 중요한 역할을 했던 역사상 비극적인 시기였다. 대학생들은 매일 아침 대학생 또래의 경찰이 민간인 복장을 하고 학생처럼 행세하는 것을 알고 학교에 다녔다. 우리는 그들을 잡새(새잡이)라고 불렀는데, 거리 시위를 주도하는 학생 지도자들을 잡는 것이 그들의 임무였기 때문이다. 우리는 시위를 진압하기 위해 터뜨린 최루탄에서 나오는 '후추 안개'라고 부르는 공기를 마시는 법을 배웠다. 이러한 격렬한 시위 활동과 마르크스주의, 해방신학, 비판철학 등 현 정권에 대한 비판적인 서적을 읽고, 조국의 미래와 국제 관계에 대해 끊임없이 토론하는 것은 학생 생활의 필수적인 부분이었다. 우리는 스스로를 권위주의 정권에 저항하는 애국자이자 '거의 정치인'이라고 생각했다. 그 기간 동안 많은 친구들이 체포되었고, 일부는 자신의 의지와 상관없이 군 복무를 해야 했다.

이 기간 동안 처한 상황과 읽은 책들을 바탕으로 전 세계 빈곤층 3분의 2에서 다국적 기업이 전파하는 경제적 착취 및 문화 제국주의와 관련된 문제를 알게 되었다. 동료 학생들과 함께 미국이 전 세계 많은 시민들을 억압하는 데 어떻게 참여했는지에 대해 토론했다. 미국이 제3세계에 대한 지배를 지속하기 위해 이른바 '저강도 분쟁'을 이용해 왔다는 사실을 깨닫게 되었다. 이 모든 경험은 내 사고방식에 근본적인 변화를 가져왔다. 더 이상 미국이 정의를 추구하는 자비로운 국가라고 믿지 않게 되었다. 또한 세상에는 한정된 자원과 부만 있다는 사실을 알게 되면서 생각도 바뀌었다. 자본주의는 가난한 사람들이 더 가난해지는 대가로 부자들이 더 부자가 될 수 있게 해준다는 사실을 알게 되었다. 아무리 열심히 일해도 사람들이 항상 가난하게 살 수밖에 없는 사회 분야가 있다는 것을 이해하게 되었다. 가난과 빈곤이 권력을 가진 사람들과 그들이 관리하는 기관에 의해 통제되는 사회 및 정치 구조에 의해 지지되고 용인된다는 것을 깨달았다. 그들의 권력은 우리 모두가 서로 연결된 경제 및 사회적 그물망의 결과이다. 마르크스주의를 읽으면서 사회와 세계의 사회적, 경제적 불공정의 깊이를 이해하는 데 도움이 되는 통찰력을 얻었다. 이러한 독서를 통해 자본주의에 대해 더 깊이 비판적인 시각을 갖게 되었고,

자본주의가 사회 불의에 어떤 역할을 하는지 알게 되었다.

　기독교인으로서 나는 마르크스주의자가 되기 위해서가 아니라 더 나은 기독교인이 되기 위해 학생 운동에서의 경험과 대학에서 배운 것을 하나님 나라의 윤리 형성 하는데 사용했다. 보수적인 신앙은 개인과 그 개인의 구원에만 관심을 갖도록 가르쳤다. 대학생이 되면서 그리스도인의 의무라고 믿게 된 사회봉사는 나에게 도움이 크게 되지 않았다. 1980년대 기독교인으로서 개인보다 사회 구조를 강조하는 마르크스주의의 도전에 귀를 기울이며, 하나님께서 악한 사회 구조를 개혁하는 일을 하기를 원하신다고 믿게 되었다. 억압적인 사회 구조에 대한 면밀한 사회 분석을 요구하는 이 세상의 정의에 관한 하나님 나라의 신앙을 알게 되었다.

2) 민중신학의 영향

　20대의 나에게 민중신학은 하나님 나라 정의에 대한 필요성에 큰 영향을 미쳤다. 전통 신학은 교회의 공식 교리를 틀 삼아 성경을 해석하고 사회 문제에 관심을 두지 않았다. 일부 신학자들은 민중적 관점에서 성서를 이해하게 되면서 억압받는 사람들의 경험과 이해를 무시하는 전통적인 교리의 틀을 벗어던지려고 노력했다. 민중신학은 교리와 추상적 사유가 아니라 민중들의 삶과 정의를 위한 민중투쟁에 신학자들이 참여하면서 생겨난 것이다.

　민중신학은 1980년대 존재했던 억압과 불의와 관련하여 자유와 해방의 개념을 이해하는 데 도움을 주었다. 민중신학은 민중의 울부

짖음과 고통의 이야기가 곧 내가 살고 있는 현실에 대한 사회적 분석이라는 것을 가르쳐주었다. 이 '아래로부터의 관점'은 모든 불의한 상황을 분석하는 데 있어 근본적인 기준이 되었다. 가난하고 억눌린 자의 아래로부터의 관점은 나에게 사회 정의를 실현하기 위한 투쟁의 출발점이 되었다. 민중신학은 신학이 하나님 나라를 위한 정의로운 투쟁에 기여해야 한다는 것을 깨닫게 해주었다. 따라서 신학은 실천이라고 믿게 되었다.

3. 하나님 나라의 윤리 이해를 위한 출발점: 억압/불의

억압이란 무엇인가? 억압을 설명하기 위해 억압 범주를 분석한 아이리스 매리언 영이 개발한 패러다임을 사용한다.[3] 영은 착취(Exploitation), 주변화(Marginalization), 무력함(Powerless), 문화제국주의(Cultural Imperialism) 그리고 폭력(Violence) 등으로 억압을 설명한다.[4] 억압받는 사람들은 한 가지 이상의 억압을 경험하며, 이러한 다양한 형태의 억압은 서로 연결되어 있다는 점에 유의하는 것이 중요하다. 예를 들어, 소수 인종은 문화적 제국주의와 무력감에 직면하는 동시에 동성애자는 조직적인 폭력과 소외에 직면한다. 이러한

---

3) Iris Marion Young, *Justice and the Politics of Difference.* (Princeton, NJ: Princeton University Press, 1990), 48-61.
4) 영이 말하는 억압에 관한 다섯 가지 범주에 관한 예시를 나는 박정희 정권에서 일어난 일들로 제한하여 설명한다.

범주는 서로 분리된 것이 아니라 상호 작용하고 서로를 지지하며 억압 구조를 영속화한다.

영은 경제적 착취에 대한 마르크스주의적 이해를 따르며, 한 집단이 다른 집단의 희생을 통해 어떻게 이익을 얻는지 지적한다.[5] 착취에 대해 이야기할 때 '누가 누구를 위해 무엇을 하고, 노동에 대한 보상이 어떻게 이루어지며, 그 노동의 결과가 누구에 의해 어떻게 전유되는가'를 말한다. 박정희 정권 당시 한국에서는 민중의 에너지가 성장하는 중산층과 부유층의 이익을 위해 사용되었다. 당시 정치-사회적 제도가 시골의 빈민층과 도시의 노동자 계급인 민중을 제약하면서 소수가 부를 축적할 수 있게 해 부의 불평등한 분배가 이뤄졌다. 그 당시 우리나라의 경제 구조는 가난한 사람들을 보호하도록 설계되지 않았다.[6] 박정희가 1961년 이후 군사 반란을 이끌기 전까지 한국은 대부분 농업 사회였다. 박정희 정권은 경제 발전을 강조했고, 한국은 점점 산업화되었다. 박정희는 재임 초기에 정치적 안정과 경제 발전을 제공함으로써 국민들의 지지를 크게 받았다. 그는 확고한 군인형 리더십으로 인기를 얻었다. 그는 안정적인 정부를 수립하고 경제 성장과 번영을 촉진했다.

박정희는 대부분의 참모들의 걱정과 우려에도 불구하고 서울과 부산을 잇는 고속도로 건설을 지시했고, 이는 교통의 가장 중요한 연

---

5) 위의 책, 49.
6) 박정희 정권에 관한 정보는 다음 책을 참조. Lee Ki-Baik, *A New History of Korea.* (Cambridge, Massachusetts: Harvard University Press, 1984).

결고리가 되었다. 그는 짚으로 지은 초가집에 살던 많은 국민들에게 현대식 주택을 지어주었다. 과거에는 너무 좁고 굴곡이 심해 안전하게 운전할 수 없었던 도로를 정비했다. 그는 개별 주택 단위의 관리를 그룹 관리 시스템으로 변경했다. 미국, 서독 등 여러 나라로부터 차관을 받아 산업 발전에 사용했다. 그 결과 한국은 1950년 한국전쟁에서 입은 손실을 회복했다. 국민 소득은 급속도로 향상되었다. 그러나 이러한 발전의 대부분은 민중의 희생으로 이루어졌다. 많은 민중이 근대화를 위해 자신의 집에서 쫓겨났다. 예를 들어, 산비탈에 판잣집을 짓고 살던 가난한 사람들은 정부가 새롭고 광범위한 도로 시스템과 공장을 건설하는 과정에서 적절한 보상 없이 집을 철거당했다. 산업계의 경우 정치와 대기업 사이에 불공정한 유착 관계가 존재했다. 정부는 막대한 자본을 가진 대기업에는 특별한 혜택을 제공한 반면, 도움 없이는 성장하거나 계속 운영할 수 없는 중소기업에는 아무런 조치를 취하지 않았다. 정부는 이윤 극대화를 위해 노동자를 착취하는 것을 암묵적으로 허용했다(예: 노동자에게 생활비보다 적은 임금을 지급하고 열악하고 위험한 작업 환경을 허용하는 것). 수출 경쟁력을 높이기 위해서는 생산 원가를 매우 낮춰야 했다. 따라서 임금을 억제해야 했다. 농산물 가격도 정부에 의해 규제되었다. 예를 들어, 주요 주식인 쌀 가격은 농민들의 생계를 위협할 정도로 통제되었다. 이 기간 동안 노동자들의 권리를 위한 운동은 억압되었고, 노동자들의 인권은 짓밟혔다.

경제 발전의 기본 논리는 국민을 위한 것이라는 명분이었다. 그러나 경제 발전 과정에서 민중은 계획 수립은 물론 임금 및 이익 분배와 관련된 모든 의사 결정에서 항상 배제되었다. 그 결과 부자는 더 부자가 되고 정부는 점점 더 많은 지출을 하지만 가난한 사람들은 착취를 당했다. 부유한 자본가는 가난한 사람들의 노동력을 이용해 이윤을 늘렸다.[7] 다시 말해, '없는 자'의 에너지는 '있는 자'의 권력, 지위, 부를 위해 사용되었다. 지배층의 경제적 착취의 깊이는 박정희가 구축한 제도와 구조의 변화가 필요하다는 것을 분명히 보여주었다. 착취를 종식시키기 위해서는 "의사 결정의 제도와 관행의 재편, 분업의 변화, 그리고 이와 유사한 제도적, 구조적, 문화적 변화"가 필요했다. 단순한 부의 재분배만으로는 정의를 실현할 수 없었다. 의사 결정 과정에 모든 사람의 참여와 불공정을 바로잡는 데 주의를 기울여야 했다.

두 번째 억압의 형태인 주변화(Marginalization)는 지배적인 집단이 "다른" 또는 다른 것으로 간주되는 사람들을 배제하는 것이다. 주변화된 사람들은 노인, 장애인 또는 권력을 가진 사람들이 중요하다고 생각하지 않는 모든 집단일 수 있다. 이들이 주변화 된다는 것은 그들의 고용 능력이 심각하게 제한된다는 것을 의미한다.[8] 그러나 주변화는 고용 문제를 넘어 한 사회의 사회생활에서 '특정 종류의 사람들'이 배제되는 것으로까지 확장된다. 이는 결국 주변화된 사람들

---

7) Suh Changwon, *A Formulation of Minjung Theology: Toward a Socio-Historical Theology of Asia*. (Seoul: Nathan Publishing, 1990), 224.

8) Iris Marion Young, *Justice and the Politics of Difference*, 53.

의 자존감 결여, 정체성 위기, 등으로 인해 완전히 파괴적인 결과로 이어진다. 박정희 정권때인 1971년, 하루 10~12시간씩 봉제공장에서 일하던 청년 노동자 전태일이 "노동자도 인간이다!"라고 외치며 자신의 몸에 불을 붙이고 인파가 몰린 거리로 달려갔었다. 그의 분신자살은 민중이 얼마나 주변화되어 있었는지를 잘 보여준다. 전태일은 인간으로서 자신의 가치를 인식하고 있었다. 그러나 사회가 자신을 가치 있는 존재로 인정하지 않으면 그 자존감도 잃게 된다는 것을 알고 있었다. 그의 외침은 압제자들을 향한 것이기도 했지만 민중들의 의식을 일깨우기 위한 것이기도 했다. 그는 자신이 가치 있는 사람으로 간주되기를 원했다.9)

세 번째 형태의 억압은 무력감(Powerless)이다. 영은 이를 자신의 상황에 대한 자율성과 통제력이 부족하고, 그에 따라 자신의 능력을 향상시킬 기회도 부족하며, 존중이나 존엄성도 결여된 상태라고 정의한다.10) 무력감은 권위가 부족하고 경제, 사회, 문화, 정치 구조에 대한 접근이 거부된 사람들에게 영향을 미친다. 무력한 사람들은 자신의 힘의 부족을 인식하지 못할 수도 있고, 권력을 가진 사람들의 힘과 권위를 지지하는 사회 구조와 제도를 반드시 인식하지 못할 수도 있다. 영에 따르면, 이러한 무력감은 "자신의 능력 개발을 억제하고, 직장 생활에서 의사 결정권을 갖지 못하며, 지위 때문에 무례한 대우에 노출되는" 결과를 낳는다.11) 역사적으로 한국 민중의 가장

---

9) 서남동, "두 이야기의 합류" 『민중과 한국신학』 (서울: 한국 신학연구소, 1985), 271.
10) Iris Marion Young, *Justice and the Politics of Difference*, 56

큰 곤경은 정치, 경제, 문화적 수준에서의 무력함이었다.12) 민중은 어떤 경제적 결정에도 영향을 미칠 수 없었고, 적어도 그들이 노동하는 밭과 공장의 소유주와의 관계에 대해 의견을 제시할 수 없었다. 가난하고 소외된 민중은 정치적 권력을 가진 적이 없었고, 따라서 자신의 운명을 결정하는 데 있어서도 배제되어 왔다. 문화적 가치와 상징은 민중의 가치를 고려하지 않고 부자와 권력자의 가치만을 대변하며 힘 있는 자와 힘없는 자의 관계를 규정하고 있다.13)

영이 언급한 억압의 네 번째 얼굴은 문화적 제국주의(Cultural Imperialism)로, "지배적인 문화의 경험에 근거하여 특정 집단을 측정하는 것"을 말한다.14) 문화 제국주의는 사회의 관습으로 다른 집단을 최소화하거나 무관한 것으로 판단하게 만든다. 지배 집단은 자신과 같은 집단을 제외한 모든 집단을 '타자'로 고정관념화하며, 자신들의 관점에 따라 '정상'을 정의하고 결정한다. 지배 집단의 편견과 차별은 특권적 지위를 유지하기 위해 사용되는 메커니즘이다. 저자의 은사인 아다 마리아 이사시 디아즈(Ada Maria Isasi-Diaz, 1943-2012)에 따르면, 문화 제국주의의 가장 파괴적인 측면은 그것이 사람들에게 하는 일이 아니라 민중이 스스로에게 하는 일이다.15)

---

11) 위의 책.
12) Suh Changwon, *A Formulation of Minjung Theology: Toward a Socio-Historical Theology of Asia*, 226.
13) 위의 책.
14) Iris Marion Young, *Justice and the Politics of Difference*, 58-59.
15) Ada María Isasi-Díaz, *Mujerista Theology*. (Maryknoll, NY: Orbis Books, 1996), 114.

민중은 지배 문화가 자신들을 바라보는 방식을 내면화하여 자신의
정체성을 잃게 된다. 권력자들이 확립하고 유지한 가치, 신념, 관행
의 체계는 1960년부터 1980년까지 한국의 정치, 경제, 문화 체제의
현상 유지를 정당화했다. 억압받는 민중은 지배 집단에 의해 조종당
하고 희생자가 되어 정체성을 잃었다. 박정희 정권과 전두환 정권에
맞선 투쟁은 민중과 그들과 연대하는 사람들이 지배 문화에 의해 무
시당하는 것에 저항하려는 시도였다.

　　문화적 제국주의의 핵심 사례는 "민중 속의 민중"인 한국 여성을
대하는 방식이며 지금도 어느정도 계속되고 있다. 그녀들은 한에 사
로잡혀 있다. 한(恨)이란 겪은 불의에 대한 해결되지 않은 분노, 압도
적인 역경에 대한 무력감, 완전히 버림받았다는 느낌, 극심한 슬픔의
고통, 이 모든 것이 합쳐져 만들어지는 것이다. 특히 민중 여성들은
공자의 가르침과 엄격한 권위 위계질서의 영향을 크게 받은 가부장제
사회에서 고통을 겪어왔다. 남성 제국주의는 민중 여성들을 이 위계
질서의 최하층에 머물게 했다. 유명한 속담에 따르면 "여자는 평생
동안 아버지, 남편, 아들 등 남성에게 의존해야 한다"고 한다.

　　영이 마지막으로 이야기할 억압의 형태는 폭력(Violence)이다.16)
민중은 그들이 누구인지, 개인적으로 무엇을 하는지가 아니라 단지
민중이라는 이유만으로 폭력을 당한다. 그들이 겪는 폭력은 비합리
적이다. 그러나 이러한 폭력은 너무나 흔해서 문화와 정치 시스템의

---

16) Iris Marion Young, *Justice and the Politics of Difference*, 63.

일부가 되었다. 한국의 군부독재시절 때는 경찰이 민중을 구타하거나 살해하는 것에 대해 항의하는 사람은 아무도 없거나 극소수에 불과했다. 학생운동은 민중들이 사회에서 겪고 있는 구조적 폭력에 대한 항의였다. 박정희 정권 시절, 조직적인 폭력은 민중뿐 아니라 그를 반대하는 모든 이들에게 영향을 미쳤다. 학생은 물론 박정희 정권에 반대하는 양심적인 지식인들도 체포되고 고문을 당했으며, 심지어 살해당하는 경우도 있었다. 박정희 정권은 학생 시위를 자신과 현 체제에 대한 위협으로 간주했다. 따라서 학생들에 대한 폭력 사용은 정당하다고 믿었다. 그러나 학생들의 시위는 정부의 억압적 구조가 사회에 만들어낸 구조적 폭력에 대한 반작용에 불과했다.

4. 하나님 나라의 윤리와 이데올로기

1980년대 대학생이었던 나는 이데올로기 갈등의 한가운데서 살았다. 학생운동에 참여하면서 나의 신앙은 이데올로기의 영향을 받았다. 이데올로기란 무슨 뜻인가? 이데올로기를 어떻게 이해해야 할까? 학생운동을 하면서 마르크스주의에 대해 알게 되었지만, 나는 신앙을 버리고 마르크스주의를 수용하지는 않았다. 내가 생각하고 행동한 것의 기초가 되는 성경을 내 생각의 원천으로 계속 의지했다. 대학원에 와서야 신앙과 이데올로기 사이의 관계, 즉 마르크스의 이데올로기뿐 아니라 라틴아메리카와 아시아의 해방신학자들이 제안한 이데올로기를 이해하게 되었다. 특히 스리랑카의 예수회 사제인 알로이시우스 피에리스가 말하는 이데올로기의 의미에 주목했다. 또한 우루과이 출신의 예수회 신부인 후안 루이스 세군도는 이데올로기와 신앙의 연관성을 잘 알려준다. 이런 저서들을 통해 이데올로기에 관한 이해의 지평을 확장해 갔다.

1) 마르크스(Karl Marx, 1818-1883)의 이데올로기 이해[17]

역사적으로 "이데올로기"라는 용어는 18세기 프랑스 철학자 데스투트 드 트레이시(Destutt de Tracey, 1754-1836)에 의해 "이념의 과학"이라는 의미로 처음 사용되었다.[18] 하지만 오늘날에는 이데올로기의 마르크스주의적 이해를 따르는 것이 일반적이다. 트레이시가 이 용어를 도입한 지 한 세기 후, 마르크스는 이데올로기를 현상 유지를 지속화하고 억압적인 사회관계를 정당화하는 사상 체계를 지칭하는 용어로 사용했다. 마르크스에게 종교는 물론 문화와 철학, 적어도 지배적인 철학은 대체로 이데올로기적 성격을 띠고 있다.[19] 그것은 억압적인 현상 유지에 대한 미묘한 방어기제이다.

---

17) Park Sam-Kyung, "The Role of Ideology in Asian Liberation Ethics." *Madang*. Vol. 20 (December, 2013) 5-26. 일부 내용을 번역하여 인용. 박삼경, "이데올로기를 넘어서 화해의 윤리 공동체를 향하여"「한국기독교신학논총」 91(1), 2014. 185-207. 비교참조.
18) Aloysius Pieris, S. J., *An Asian Theology of Liberation*. (Maryknoll, NY: Orbis Books, 1992), 25-26.
19) Gregory Baum, *Religion and Alienation*. (Mahwah, NJ : Paulist Press, 1975), 34.

마르크스에게 이데올로기는 "중립적이고 가치 없는 개념으로서 정신의 상징적 틀"을 의미하지 않는다.[20] 마르크스는 이데올로기를 중립적인 의미로 사용하지 않는다. 이와 관련하여 가톨릭 신학자인 그레고리 바움(Gregory Baum, 1923-2017)은 "마르크스의 용어로 이데올로기는 항상 거짓의식이며, 사회적 이익을 위한 진리의 왜곡이며, 지배 집단의 권력과 특권을 정당화하고 권력을 갖지 못한 사람들에게 가해지는 사회적 악을 제재하는 마음의 상징적 틀"이라고 주장한다.[21] 마르크스에게 이데올로기는 거짓 의식, 즉 "특정 사회 질서가 신에 의해 제정되었거나, 자연에 의해 운명화되었거나, 전통에 의해 규정되었거나, 종교에 의해 승인되었다고 주장하기 때문에 양 당사자가 이를 필요한 것으로 받아들이는 무의식적 합리화"이다[22]. 마르크스에게 좋은 이데올로기는 없다. 그는 이데올로기를 부정적인 의미로 사용하여 "현상 유지에 대한 합리적 정당화 또는 부도덕한 실천의 배후에 있는 검토되지 않은 이론"을 의미한다.[23]

또한 기독교인으로서 저자에게 중요한 것은 종교, 철학, 가치관 등이 물질적 생산 과정의 메아리라는 마르크스의 주장을 검토하는 것이었다.[24] 이러한 과정의 배열은 대중에게는 억압적이고 엘리트

---

20) 위의 책.
21) 위의 책.
22) Aloysius Pieris, S. J., *An Asian Theology of Liberation*, 26.
23) 위의 책.
24) Karl Marx and Friedrich Engels, *On Religion*. (New York, NY: Schocken Books, 1964), 77.

에게는 유익하기 때문에 이러한 배열을 지배하는 사고 체계는 현 상태를 이데올로기적으로 정당화하고 억압받는 사람들을 위로한다. 이런 의미에서 마르크스는 종교를 이데올로기의 한 요소 또는 그 자체로 보았다. 즉, 마르크스에게 종교는 현상 유지와 부도덕한 실천을 정당화하는 역할을 한다. 종교의 역할은 특권층과 권력층을 위한 현상 유지와 가난하고 소외된 자들에 대한 억압을 영속화하는 것이다.

2) 알로이시우스 피에리스(Aloysius Pieris, 1934-)

피에리스의 이데올로기는 마르크스가 부여한 의미와는 다른 의미를 가지고 있다. 단어의 원래 의미에 따라 이데올로기를 거짓 의식이 아니라 의미의 틀, 즉 인간 활동을 가능하게 하는 이해와 가치로 이해한다. 이데올로기는 진리의 문제와 행위의 문제 모두와 관련이 있다. 따라서 이데올로기는 우리 삶의 의미와 관련된 일관되고 총체적인 체계이다. 알로이시우스 피에리스에게 이데올로기는 본질적으로 프로그램적인 세계관(programmatic worldview)으로, "사회 정치적 질서 속에서 투쟁 없이 실현될 수 없는 이 세상의 미래"와 관련되어 있다. 피에리스는 이데올로기가 "특정 분석 도구나 그 자체의 전제에 기반한 분별 방법을 통해 실현될 수 있다"고 제안한다. 마지막으로 피에리스에 따르면 이데올로기는 "그 자체의 본질적 특성으로 인해 그것이 표현하고자 하는 진리를 초월해야 한다"고 한다.[25]

---

25) Aloysius Pieris, *An Asian Theology of Liberation.* (Maryknoll, NY: Orbis Books, 1992), 24.

　　피에리스는 이데올로기를 세계관, 즉 세계를 이해하고 관계 맺는 데 사용되는 틀이라고 설명한다. 그에게 세계관은 프로그래밍 방식이다. 그것은 "정신-영적 영역의 수반되는 변화와 함께 사회-정치적 질서의 급진적 개선이라고 생각하는 것에만 전적으로 관심이 있다."[26] 피에리스에게 세계관 또는 이데올로기의 목적은 현재의 무질서를 변화시키는 것이다.[27] 이데올로기는 추상적인 추론이 아니라 불공정한 구체적인 사회 정치적 구조를 변화시키기 위한 프로그램적 관점을 포함한다. 이것이 바로 피에리스가 이데올로기를 투쟁을 수반하는 것으로 보는 이유이다. 이데올로기는 단순히 누군가를 설득하는 데 그치지 않고 세속적 진보를 가져올 프로그램에 대한 헌신을 요구한다.[28] 이데올로기는 특정 목표를 달성하고자 하는 목표를 염두에 두고 있으며, 비전일 뿐만 아니라 구상된 미래에 도달하기 위해 현재 무엇을 해야 하는지에 대한 사명이기도 한다. 따라서 이데올로기는 잘 짜여진 사회 정치적 프로그램이나 프로젝트로 쉽게 변형될 수 있다.

　　또한 피에리스에게 세계관으로서의 이데올로기는 현실을 파악할 수 있는 인식론적 틀을 구성하며, 인간의 경험과 세계를 어느 정도 포괄적으로 설명하는 역할을 한다. 어떤 의미에서 피에리스의 이데올로기에 대한 이해는 종교에 대한 이해와 유사한다. 둘 다 "해방의 지평"을 가리킨다.[29] 그러나 동시에 이데올로기에는 종교처럼 초월

---

26) 위의 책, 25.
27) 위의 책.
28) 위의 책.

적인 차원이 존재하지 않기 때문에 이데올로기는 종교와 근본적으로 다르다. 간단히 말해서 피에리스에게 종교와 이데올로기의 차이는 절대적인 미래에 관한 것이다. 이데올로기는 절대적인 미래를 고려하지 않는 반면, 종교는 그것을 인정한다.30) 이데올로기의 대상은 이 세상의 세속적 진보이다.31) 반면 종교는 이 현세만 다루는 것이 아니라 "절대적인 미래, 완전히 타자를 가리키며 최종 해방의 지평에 대우주적 궁극성을 부여한다"고 말한다.32) 따라서 피에리스에게는 이데올로기와 종교 사이에는 연관성이 있다. 그는 종교가 제안하고 추구하는 "절대적 미래"는 "개인의 영적 성취뿐만 아니라 인간 사회의 가시적 구조를 통해서도" 이 세상에서 "기대되어야 한다"고 "단호하게" 믿는다. 피에리스에 따르면 이데올로기는 "일반적으로" 종교가 절대적 미래를 "예측"하는 데 필요한 "눈에 보이는 사회 구조, 전략 및 제도"를 제공한다.33) 이데올로기는 항상 "표현하고자 하는 진리를 초월"해야 하기 때문에 "이 세상의 미래"에도 관심을 갖는다. 종종 이러한 탐구에서 종교의 영역까지 도달하는 것처럼 보인다.

이데올로기에 대한 피에리스의 이해에서 마지막 한 가지 특징을 고려할 필요가 있다. 그는 세계관이 사회 질서를 개선하기 위한 프로그램을 개발하고 실행하기 위해서는 "특정 분석 도구 또는 그 자체

---

29) 위의 책.
30) 위의 책.
31) 위의 책.
32) 위의 책.
33) 위의 책.

의(이데올로기적) 전제에 기반한 분별 방법"을 사용해야 한다고 설명
한다.34) 이데올로기의 이러한 특징과 관련하여 두 가지 중요한 점을
짚고 넘어가야 한다. 첫째, 피에리스는 사회가 "단순히 개인들의 총
합"이 아니라고 주장한다. 그가 말하고자 하는 요점은 개인의 개종
이나 변화가 반드시 사회 구조의 변화로 이어지지는 않는다는 것이
다. 그는 "사회에서 작동하는 반대 세력이 원하는 완전성을 달성하
려는 개인의 노력을 압도한다"고 말한다. 피에리스에게 있어 "고립
된 개인이 바로잡힐 수 있는" 가능성은 존재하지 않는다. 그는 "사회
와의 역동적인 관계"에서만 "올바르게" 될 수 있다.35) 사회적 존재
로서의 인간에 대한 이러한 이해는 피에리스의 이데올로기 이해의
핵심이다.36) 또 다른 요점은 이것이다. 분석에 사용되는 도구가 이
데올로기가 제안하고 장려하는 달성 가능한 미래에 대한 비전과 모
순되어서는 안 된다. 예를 들어 정의는 부당한 방법으로 실현될 수
없다. 프로그램적 세계관은 모든 측면에서 이데올로기의 기본 전제
에 응답해야 한다. 그래야만 "현재의 완전성에 대한 믿음이 완벽한
미래에 대한 희망에 의해 유지될 수 있다."37) 즉, 정의가 언제 어디
서나 모든 상황에서 작동하는 세계관이 되어야 한다고 믿는다.

---

34) 위의 책, 24.
35) 위의 책, 28.
36) 위의 책, 27-28.
37) 위의 책, 31.

3) 후안 루이스 세군도(Juan Luis Segundo, 1925-1996)

라틴 아메리카의 신학자 후안 루이스 세군도는 이데올로기의 개념에 대해 광범위하게 연구했다.[38] 세군도는 이데올로기를 "인간의 모든 선택이나 행동에 필요한 배경이 되는 목표와 수단의 체계"라고 생각했다.[39] 이데올로기는 모든 사람이 무엇이 중요하고 추구해야 하며, 어떤 대가와 노력을 기울여야 하는지에 대한 전제와 관련이 있다. 세군도는 이데올로기가 '무엇이 중요한가'에 관한 것임을 강조하면서 가치 문제를 전면에 내세운다. 그의 표현을 빌리자면, 이데올로기는 "서로 연결된 가치의 논리적 체계"이다.[40]

특히 세군도는 신앙과 이데올로기의 관계에 주목한다. 그의 저서 『신학의 해방』에서 그는 이 질문을 직접 제기한다.[41] 그의 대답은 피에리스가 이데올로기와 종교를 구분한 것과 맥락을 같이 한다. 이데올로기는 신앙처럼 절대자에 관한 것이 아니다. 오히려 이데올로기는 "느린 성숙의 과정을 통해 역사적 요구와 필요성에 적용"한다.[42] 세군도는 이데올로기가 "절대적인 특징"을 가지고 "다른 모든 것에 조건을 부과하여 역사가 그 장단에 맞춰 춤을 추도록 강요해서는 안 된다"고 분명하게 경고한다.[43] 그러나 "이데올로기는 상대적

---

38) Juan Luis Segundo, *Liberation of Theology*. (Maryknoll, NY: Orbis Books, 1976), 102; Juan Luis Segundo, *Faith and Ideologies*. (Maryknoll, NY: Orbis Books, 1984), 16.
39) Juan Luis Segundo, *Liberation of Theology*, 102.
40) 위의 책, 105.
41) 위의 책, 102.
42) 위의 책, 102.

인 가치를 지닌 주장에 근거하지만," 주관적으로는 "절대적인 가치로" 살아간다.[44] 이것이 바로 이데올로기가 신앙과 혼동되는 이유이다. 세군도에게 이데올로기는 우리가 하나님을 아는 방법과 역사의 전개 과정에서 직면하는 문제 사이의 다리 역할을 한다. 그는 이렇게 말한다. 다시 말해, 우리의 이론은 우리가 신앙에서 받아들이는 하나님에 대한 개념과 끊임없이 변화하는 역사에서 우리에게 다가오는 문제들 사이에 빈 공간이 있다고 가정한다. 따라서 우리는 하나님에 대한 우리의 개념과 현실의 역사 문제 사이에 다리를 놓아야 한다. 이 다리, 잠정적이지만 필요한 수단과 목적의 체계를 우리는 이데올로기라고 부른다.[45]

세군도는 이데올로기에 대한 자신의 이해를 설명하기 위해 성경의 한 사례를 인용한다. 약속의 땅에 도착한 이스라엘 백성을 생각해 보라. 그들에게 적을 섬멸하는 것은 특정한 역사적 상황에 직면하여 하나님이 누구이며 그분이 무엇을 명령하시는지를 가장 명확하게 파악할 수 있는 가장 확실한 방법이었다. 따라서 적의 근절은 비판적 사고의 유무와 관계없이 그 당시 신앙이 채택한 이데올로기였다.[46] 이스라엘 사람들의 신앙은 영구적이고 고유한 것이었지만, 그들의 이데올로기는 여러 역사적 상황에 따라 변화했다.[47] 그들의 믿음은

---

43) 위의 책.
44) 위의 책, 107.
45) 위의 책, 116.
46) 위의 책.
47) 위의 책.

그들을 절대자와 접촉하게 했고, 그들의 이데올로기는 하나님이 명령했다고 믿는 것에 근거했지만 상대적인 것이었기 때문에 그들의 믿음은 역사에 맞게 조정되었다. 믿음은 이데올로기를 통해 작동한다. 이데올로기는 믿음에 의존한다. 이념의 본질과 기능은 다르지만 서로 연관되어 있다.

세군도는 신앙을 새로운 역사적 상황과 연관시키는 한 가지 가능한 접근 방식은 "우리와 동시대의 복음 메시지에 의해 구성될 수 있는 이데올로기를 발명하는 것"이라고 제안한다. 이러한 이데올로기를 발명하려면 신앙과 현재의 상황 사이에 기능하는 다리를 놓아야 하며, 이를 위해서는 지금 여기에서 창의성이 요구된다.48)

세군도는 "이데올로기가 없는 믿음은 죽은 믿음이나 마찬가지"라고 말한다.49) 이념이 없는 믿음은 행동으로 이어질 수 없다. 신앙, 이념, 행동은 본질적으로 서로 연결되어 있으며 각각 고유한 역할을 한다. 이런 의미에서 신앙이 채택한 이념의 임무는 단순히 세상을 해석하는 것이 아니라 세상을 변화시키는 것이다. 그는 신앙이란 "이념을 통한 성숙, 즉 인간의 현실적 해방이 달려있는 이념적 과제를 완전하고 양심적으로 수행할 수 있는 가능성"이라고 주장한다.50)

신앙은 이데올로기와 분리될 수 없으므로 신앙은 이데올로기적 성격을 가지고 있다고 결론을 내릴 수 있다. 신앙은 개인의 도덕적

---

48) 위의 책, 117-118.
49) 위의 책, 121. Segundo, *Faith and Ideologies*, 106-110.
50) 위의 책, 122.

의사 결정을 넘어 사회 정의나 정치적 문제와 관련이 있기 때문에 실제로 이데올로기적 성격을 띠고 있다. 따라서 신앙은 이데올로기 뿐만 아니라 실천 지향적이며 구체적인 상황을 개혁하거나 변화시키기 위한 전략과도 관련이 있다.

마지막으로 한 가지 고려해야 할 점이 있다. 이데올로기와 신앙의 상호 연결은 실천의 차원뿐만 아니라 개념과 설명의 차원에서도 관련이 있다. 즉, 이데올로기와 신학 사이에는 연관성이 있다. 주어진 신앙에 대한 설명으로서의 신학은 신앙을 유지하는 이데올로기를 고려할 필요가 있다.51) 세군도는 이데올로기는 절대적이지 않기 때문에 특정 역사적 상황에서 발생하는 이데올로기에 대한 의문은 의혹을 불러일으킨다고 말한다. 이러한 의심은 "일반적으로 전체 이데올로기적 상부 구조와 특히 신학, 그리고 성경에 적용되어야 한다"고 그는 말한다.52) 신학과 성경을 다시 읽으면서 이데올로기를 분별하고 다시 정의하는 데 도움이 되는 새로운 의심의 해석학이다.

5. 소결론

자서전적인 신앙 여정을 통해 궁극적인 가치를 이루는 정의를 미덕으로써, 불의를 없애기 위해 습관적으로 행동하는 삶의 방식으로

---

51) 위의 책, 25.
52) 위의 책, 9.

이해하게 되었다. 정의는 내 이념의 중심이자 내 신앙의 핵심이기도 하다. 대학생 시절 학생 민주화 운동에 참여하면서 사회 구조적 불의가 있다는 것을 알게 되었다. 학생 민주화 운동에 참여하면서 정의를 위한 투쟁에서 신앙과 이데올로기의 관계를 돌아보게 되었다. 이데올로기 없는 신앙은 죽은 신앙이고, 이데올로기는 신앙에 영향을 미치기 때문에 신앙을 끊임없이 성찰해야 한다는 것을 알게 되었다.

예수님의 복음 메시지가 사랑뿐만 아니라 정의, 즉 사회 정의에 관한 것도 있음을 새삼 깨닫게 되었다. 박정희 정권에 반대하는 시위에 참여하면서 나는 하나님을 가난한 자, 억압받는 자의 편에 우선적으로 서시는 분으로 믿게 되었고, 구원의 핵심 요소로 자유와 해방을 알게 되었다.

하나님 나라의 윤리가 사회의 정의 실현과 별개의 일이 아니라고 생각한다. 그래서 자유와 해방, 사랑과 화해, 그리고 평화와 일치를 하나님 나라 윤리의 핵심인 정의의 또 다른 요소들로 본다. 민중신학에서 말하는 자유와 해방, 상생신학의 사랑과 화해, 그리고 통일신학에서 말하는 평화와 일치의 의미들을 성찰하여 21세기 한국 사회가 직면한 통일과제를 잘 해결할 수 있는 하나님 나라의 윤리를 구축하고자 한다.

2부

민중신학의 자유와 해방

민중신학의 자유와 해방[1]

신학은 특정한 상황을 반영한다. 특정한 사회적 현실에서 출현한 신학은 상황의 진실을 드러내고, 이 구체적인 현실을 성서와 모든 종교 사상에 반영한다. 민중신학은 1970~1980년 한국 민중이 처한 억압된 정치적, 경제적 상황에서 등장했는데, 이는 종교개혁 이후 서구의 전통적 신앙에 기반한 신학이 등장했던 것과는 다른 상황이었다. 민중신학을 정의하는 것은 "민중 경험"이다. 민중신학은 민중의 경험에 인식론적 특권을 부여하며, 민중은 스스로 해방을 성취하는 능동적 주체라고 주장한다. 한의 경험은 민중의 이데올로기 또는 세계관의 핵심이다. 한은 또한 민중신학이 해방을 위한 실천과 분리될

---

1) 성경에서는 자유와 해방을 같은 의미로 사용하는 것을 볼 수 있다. 예수 그리스도는 우리를 해방시켜 주셔서 우리를 자유의 몸이 되게 하셨다.(갈 5:1, 13 고전 1:22, 고후 3:17) Leon Roy O.S.B. "Liberation/Liberte Vocabulaire de Theologie Biblique" (광주가톨릭대학교 신학연구소, 1971) 「성서어휘사전」 (31) 자유(해방) L. 로와, 김경환 역 참조. 박삼경, "민중신학과 라틴 아메리카 신학의 해방의 의미"「기독교사회윤리」 24 (2012.1) 125-150. 일부 내용 수정하여 재인용.

수 없는 이유를 이해하는 열쇠이기도 한다.

민중신학은 가난한 자들의 자각과 생존을 위한 투쟁을 기반으로 한다. 민중신학은 구체적이고 특수한 경험에 기초하고 있다. 민중신학은 유럽에 기반을 둔 신학을 무비판적으로 받아들이는 것을 거부한다. 민중신학은 유럽과 미국 신학의 기초가 되는 상황과는 다른 정치적, 경제적, 종교 문화적 상황에서 등장했다. 민중신학은 수세기 동안 가난과 정치적 억압 속에서 고통받아온 민중, 즉 한국의 민중들의 자유와 해방의 역량 강화라는 목표가 있다.

민중신학에서 자유와 해방에 관한 이해는 윤리적-신학적 의미의 핵심이며, 이 자유와 해방을 "하나님 나라"와 연결시킨다. 자유와 해방과 하나님 나라를 논함에 있어서는 민중신학자 안병무, 서남동, 김용복의 연구에 초점을 맞춘다. 이들 모두 1세대 민중신학자들로서[2] 민중을 위한 자유와 해방의 비전을 통해 하나님 나라를 주장했던 학자들이다. 이 민중신학자들의 입장을 이해하는 것이 하나님 나라 윤리의 내용들을 정교화하고 구체화하는 것이다.

민중신학에서 말하는 자유와 해방의 의미는 라틴아메리카 해방신학에서 사용하는 해방과 유사하다.[3] 민중신학의 핵심은 한국 민

---

[2] 민중신학은 적어도 3세대가 있다. 1세대는 서남동, 안병무, 김용복, 서광선, 현영학 같은 교수들이 대부분이었다. 그들의 목표는 민중 해방을 위해 일하는 것이었다. 1세대의 후예인 2세대는 1세대로부터 교육을 받았다. 박성준, 강원돈, 서진환, 박재순, 권진관 등이 그들이다. 3세대는 공장, 농촌, 도시 빈민가의 억압적 상황에 몰입하여 신학을 실천한 사람들로 김진호, 최형묵, 김명수, 김경호 등이 있다. 김진호, 이숙진, "한국 근대성과 민중신학에 대한 회고와 전망", 『민중신학협의회』 2001 참조.

[3] Gustavo Gutierrez, *A Theology of Liberation.* (Maryknoll, NY: Orbis

중이 사회문화적, 정치경제적 억압으로부터 해방되는 것이다. 민중신학은 가난하고 억압받는 사람들이 겪는 불의에 초점을 맞추고 있다. 민중신학의 목표는 인간 삶의 풍요로움에 긍정적으로 기여할 수 있는 정의로운 사회를 건설하는 것이다. 민중신학에서 말하는 자유 혹은 해방은 "온전한 인간성"을 개발하는 것이다.4) 민중신학에서 자유와 해방의 의미를 이해하기 위해서는 첫째, 민중신학이 정교화되기 시작할 당시 한국은 신식민지 착취와 군사독재로 인해 가난과 굶주림, 억압에 빠져 있었다는 점을 기억해야 한다. 둘째, 아시아의 다른 지역과 마찬가지로 한국에서도 "종교는 삶의 철학"5)이기 때문에 자유와 해방을 "총체적" 개념으로 말한다.

민중신학에서 자유와 해방의 의미에 관한 논의를 시작하는 좋은 출발점은 민중신학이 기독교 역사와 비기독교 역사 사이의 구분을 어떻게 해체하는지를 이해하는 것이다. 민중신학은 비기독교 담론에 대한 기독교 담론의 지배를 거부한다. 지배적인 기독교 담론은 서구 근대의 지배 이데올로기의 필수적인 요소이다. 대신 민중신학은 소위 '불경한 이야기'를 성스러운 이야기로 해석하고 민중 전통과 성서

Books. 1988), 25, 17-22, 해방을 사회적 해방(social liberation), 인간적 해방(human liberation), 그리고 종교적 해방(religious liberation)으로 말한다. 박삼경, "민중신학과 라틴 아메리카신학의 해방의 의미" 『기독교사회윤리』 제 24집 (2012) 125-150 참조.

4) Virginia Fabella, ed., *Asia's Struggle for Full Humanity*. (Maryknoll, NY: Orbis Books, 1980), 122, 152, 156-157.

5) Aloysius Pieris, *An Asian Theology of Liberation*. (Maryknoll, NY: Orbis Books, 1992), 25.

라는 '두 이야기의 결합'6)을 시도한다. 이 조합은 자연스럽지 않지만, 민중전승과 성경이 각자의 정체성을 유지하면서 서로를 비판하는 변증법적 조합이다. 이 조합의 가장 중요한 측면은 민중의 저항 정신이 억압자들에 대항하여 살아 숨 쉬는 방식이다.

1. 민중신학의 핵심 요소

1) 민중

민중신학은 민주주의와 인권을 위한 한국 기독교 투쟁의 맥락에서 등장했다. 민중신학은 다른 민주주의 운동과 함께 1970년대와 80년대에 한국에서 만연했던 사회 정치적 억압에 대한 인식을 불러일으켰다. 이 시기 민주화를 향한 진전 과정에서 민중신학자들은 민중을 주목해야 한다고 주장했다. 서광선 교수에 따르면 '민중'이라는 용어는 사람 민(民)과 대중 중(衆)이라는 두 한자가 합쳐진 말이다. 민중은 문자 그대로 "대중의 민중"으로 번역된다.7) 그러나 민중의 의미는 정치적으로 억압받고, 경제적으로 박탈당하고 착취당하는, 그래서 가난하고 사회적으로 소외되고 문화적으로 종교적으로 억압받

---

6) 서남동, "두 이야기의 합류" 『민중과 한국신학』 (서울: 한국신학연구소, 1985) 271.
7) Suh David Kwang-Sun, "A Biographical Sketch of an Asian Theological Consultation" in *Minjung Theology: People as the Subjects of History.* ed., CTC-CCA (Maryknoll, NY: Orbis Books, 1981), 16.

는 사람들을 지칭하는 보다 포괄적인 의미이다. 성서 민중신학자 안병무 교수에 따르면, 민중은 공관복음서에서 민중 또는 대중을 지칭하는 데 사용된 두 가지 그리스어 용어 중 하나인 복음서의 오클로스와 동일시할 수 있으며, 다른 하나는 라오스이다. 라오스는 일반적으로 대중을 의미하는 데 사용되었다. 반면 오클로스는 죄인, 세리, 창녀, 죄수, 병자, 갈릴리에서 버림받은 자들을 가리킨다.8) 안병무는 마가가 의도적으로 라오스 대신 오클로스라는 용어를 사용한 것은 정치적, 문화적으로 고립된 사람들, 대부분 가난하고 멸시받는 사람들에 초점을 맞추기 위한 것이라고 주장한다.9) 또한 오클로스는 예수님 주변에 모여 예수님이 하나님 나라의 백성으로 보았던 청중이었다.10) 오클로스는 갈릴리의 민중이었다. 안병무는 예수님이 억압받고 소외된 사람들의 편에 무조건적으로 섰다는 점을 근거로 오클로스의 개념을 한국의 민중과 동일시한다.

한국 역사에서 민중은 정치적으로 억압받고, 경제적으로 착취당하고, 사회적으로 소외되고, 문화적으로 멸시당하고, 의도적으로 교육을 받지 못한 노동자와 농민, 여성과 빈민이었다. 한국 역사에서 민중은 정치적 억압과 경제적 착취뿐만 아니라 극심한 계급주의에 기반한 편견으로 인해 엄청난 고통을 겪었다. 특히 이씨 왕조(1392~1910)의 유교 정치 이데올로기는 상류층(양반)과 하류층(쌍놈)

---

8) 안병무, "예수와 오클로스" 『민중과 한국신학』 (서울: 한국신학연구소, 1985), 99-100.
9) 위의 책, 103.
10) 위의 책, 91.

으로의 계급 분리를 정당화하고 경직되게 만들었다. 쌍놈은 일반적으로 양반을 위해 일하면서 그들의 일상적인 필요를 충족시켰으며, 종종 하인으로 영구적으로 양반과 함께 거주했다. 쌍놈의 모든 활동은 사회의 중심이었던 양반 가정을 중심으로 이루어졌다. 쌍놈들의 생활환경은 극도로 열악하고 거의 절망적이었다. 그들은 깊은 상처와 아픔, 슬픔과 원한을 가슴에 품고 살았고, 이를 한(恨)이라고 불렀다. 그들은 해결되지 않은 원한과 절망을 후대에 대물림했다. 한국인으로 태어나면 자각하든 자각하지 못하든 한을 경험하게 된다.

김용복 교수에게 민중은 역동적이고 변화하며 복합적인 살아있는 현실을 의미한다. 이 살아있는 현실은 "스스로 경험을 규정하고 역사 속에서 새로운 행위와 드라마를 생성하며, 개념적으로 규정되는 것을 원칙적으로 거부한다"고 말한다.[11] 김용복은 민중이 스스로 자신의 역사를 만들어가는 역사의 주체라고 전제한다. 그는 민중의 사회적 전기를 주요한 역사적 준거로 삼고, 민중은 그들 자신의 이야기, 그들 자신의 사회적 전기를 통해 알려진다. 그들의 삶의 이야기는 단순히 그들의 이야기가 아니라 민중 삶의 기본 형태이다.[12] 그는 민중이 메시아로 동일시되는 것이 아니라 장차 메시아 통치가 실

---

11) Kim Yong-Bock, "Messiah and *Minjung:* Discerning Messianic Politics over against Political Messianism" in *Minjung Theology: People as the Subjects of History.* ed., CTC-CCA (Marynoll, NY: Orbis Books: CTC-CCA, 1983), 184.

12) Kim Yong-Bock, *Messiah and Minjung: Christ's Solidarity with the People for New Life.* (Kowloon: Hong Kong, Christian Conference of Asia, 1992), 5-7.

현될 때 역사의 주체로서 민중이 될 것이라고 가정한다.

2) 한

민중신학자들은 민중들의 한(恨)에 찬 삶을 신학적 관점에서 해석한다.13) 민중신학자들은 하나님이 선교선을 타고 한국에 오신 것이 아니라 민중의 한가운데 이미 하나님이 계셨다고 주장한다.14) 한을 품은 한국인의 마음속에는 여전히 각자의 자유가 충만한 삶에 대한 갈망이 숨어 있다. 서남동 교수는 한국 기독교인들이 한을 주제로 삼아야 한다고 주장하는데, 한은 실제로 한국인의 경험의 중심 요소이기 때문이다.15) 민중의 한숨인 한을 듣지 못하면 문을 두드리는 그리스도의 음성을 들을 수 없다는 것이다. 박 앤드루는 한이 불의를 경험하는 피해자들의 고통이라고 지적한다.16) 박 앤드루는 한을 능동적이기도 하고 또한 비능동적이기도 한 것으로 이해한다.17) 한은 감정이 공격적으로 변할 때 능동적이고, 한을 경험하는 사람이 수동적일 때 비활성적이 된다. 능동적 한을 가진 사람은 자신에게 가해진

---

13) 안병무, 『한국민중신학의 전개』 (서울: 한국신학연구소, 1990), 25.

14) Hyun Young-Hak, "A Theological Look at the Mask Dance in Korea," in *Minjung Theology: People as the Subjects of History*. ed., CTA-CCA (Maryknoll, NY: Orbis Books, 1981), 51, 54.

15) Suh Nam-Dong, "Toward a Theology of *Han*," in *Minjung Theology*. ed., Commission on Theological Concerns of the Christian Conference of Asia. (Maryknoll, NY: Orbis Books, 1981), 64–67

16) Park Andrew Sung, *The Wounded Heart of God: The Asian Concept of Han and the Christian Doctrine of Sin*. (Nashville, TN: Abingdon Press, 1993), 70.

17) 위의 책, 31.

불의 때문에 불안해하고 복수심을 품는다. 반대로 비활성적인 한은 고통을 내면으로 돌리고 자기 파괴적으로 변한다.

한국 민중의 한은 힘없는 자의 버림받은 느낌을 표현할 뿐만 아니라 한국 사회에서 민중의 자의식이 성장하는 것을 의미하기도 한다. 서남동은 한을 한국 사회에서 억압받는 민중들의 정치의식으로 정의한다.18) 한은 단순히 개인의 억압된 감정이나 심리치료로 치유할 수 있는 질병이 아니다. 그것은 억압받는 사람들이 사회적 운명과 그들이 경험하는 사회적 모순에 직면한 집단적 감정이다.19) 이 한의 감정은 애통, 좌절, 분노의 수준을 넘어선다. 복수심을 불러일으키기도 하지만 대부분 운명에 대한 복종이나 체념으로 이어진다. 서남동에게 한은 종교적 도움에 대한 외침이 나오는 죄의 상태이다. 서남동에게 한은 운명론적이지 않다. 그 대신 초월의 경험을 가능하게 한다. 그것은 민중들 사이에서 생존할 수 있는 지혜와 힘을 창조한다. 민중은 현존하는 세계가 타락한 세계라는 사실과 자신이 그 위에, 그 반대편에, 그 너머에 서 있다는 사실을 확신함으로써 세상의 고난을 유머러스하게 견뎌낼 수 있다.

김용복은 한을 설명하기 매우 어려운 용어라고 말한다. 그에게 한은 "강렬하고 누적되고 억압된 불의에 대한 느낌, 뿌리 깊은 분노감이다. 한은 모든 한국인의 보편적인 감정이다. 억압이나 착취, 불의

---

18) Suh Nam-Dong, "Toward a Theology of *Han*," in *Minjung Theology*. 60, 64.
19) Suh David Kwang-Sun, "A Biographical Sketch of an Asian Theological Consultation," 25.

나 차별을 느낄 때, 특히 아무런 이유 없이 무의식적으로 한을 경험
하게 된다."20) 민중신학은 민중의 경험에서 탄생했고, 한에 대항하
기 위해서는 민중의 힘을 동원해야 한다는 것이 김용복의 생각이다.
민중신학에서는 형이상학적 전제나 존재론적 전제보다는 민중들의
투쟁의 사회적, 역사적 전기인 민중 설화가 신학적 토대가 된다.

2. 민중신학에서 자유와 해방의 의미

민중과 한에 관한 이해를 종합하면 민중신학에서 자유와 해방의
의미를 규명할 수 있다. 이 자유와 해방의 의미는 위에서 제시한 바
와 같이 종교적 이해와 함의를 핵심 요소로 한다. 민중신학은 성서를
억압받는 민중의 경험, 역사, 문화에 대한 기록으로 간주한다. 민중
신학자들은 성서에서 자유와 해방을 위한 틀과 패러다임을 본다. 그
들은 성서를 자유와 해방을 향한 한 민족의 사랑과 희망의 역사로 이
해한다. 히브리 성경의 출애굽사건과 신약성경의 예수 십자가와 부
활사건은 하나님 백성의 자유와 해방의 역사적 중심사건으로 민중신
학이 사용하는 성서 해석학의 핵심이다.21) 이 두 가지 성서 사건을
통해 민중신학자들은 하나님의 자기 계시와 인류의 구원이 인간 역

---

20) Kim Yong-Bock, *Messiah and Minjung*, 276
21) Suh Nam-Dong, "Historical References for a Theology of *Minjung*," in
Minjung Theology : People as the Subjects of History. ed., CTC-CCA
(Maryknoll, NY: Orbis Books, 1981), 158.

사 밖이나 그 너머의 영적 사건이 아니라 역사적 사건 안에서 그리고 역사적 사건을 통해 일어난다는 것을 이해하게 되었다. 민중신학에서 구원은 본질적으로 모든 속박과 억압으로부터 민중이 자유케되고 해방되는 역사적 사건에 연결되어 있다. 민중신학은 역사에서 민중의 자유와 해방을 향한 열망을 좌절시킨 세력에 맞서 대항하는 민중의 투쟁에서 하나님을 발견한다.[22]

민중신학은 민중을 자기 운명의 주인으로 묘사한다. 민중신학은 서구신학과는 달리 절대적인 신을 인정하지 않는다. 민중신학은 "신은 누구인가?"라는 질문 대신 "신은 역사 속에서 어떻게 행동하는가?"라고 묻는다.[23] 민중신학은 하나님의 행동이 민중의 고난과 희망에 관련이 있다고 본다. 민중신학은 하나님을 인간의 역사 속에서 행동하시는 분으로 인식한다. 그래서 안병무는 민중신학을 "증언의 신학 또는 사건의 신학"이라고 설명한다.[24]

민중신학은 하나님을 역사 속에서 민중과 함께 하는 공동 해방자로 본다. 즉 하나님은 민중과 함께 고난을 당하신다는 것이다. 하나님은 민중의 존재로 인해 발생하는 인간의 외침과 신음소리를 들으신다.[25] 자유와 해방을 향한 역사적 변혁에서 하나님과 민중은 공동

---

22) Kim Yong-Bock, "Messiah and *Minjung* Discerning Messianic Politics over against Political Messianism," in *Minjung Theology.* ed., CTC-CCA (Maryknoll, NY: Orbis Books, 1981), 186.

23) Suh Chang-won, *A Formulation of Minjung Theology: Toward a Socio-Historical Theology of Asia,* 168

24) 안병무, 『민중신학이야기』 (서울: 한국신학연구소, 1988), 26.

25) Suh Chang-won, *A Formulation of Minjung Theology: Toward a Socio-*

고난자이자 "공동 협력자"이다. 따라서 민중신학은 민중의 고난을 하나님의 목소리로 이해하고, 민중의 고난은 구조적 모순을 드러내는 메시아적 목소리로 이해한다. 하나님은 민중을 자유케하고 해방시키는 분이기도 하다.26)

하나님의 계시는 민중의 구원과 깊은 관련이 있다. 민중신학에서 십자가와 부활은 민중 구원의 상징이다. 예수의 죽음은 민중의 고난과 죽음을 반영하며, 이는 정의를 위한 민중의 투쟁의 당연한 결과이다. 민중은 예수님이 생전에 민중을 억압하는 자들에 맞서 싸웠던 것처럼 억압자들에 항거하다가 억압자들에 의해 고통을 당하거나 죽임을 당한다. 민중은 계속해서 일어났고 완전한 해방의 날이 올 때까지 계속 일어날 것이다. 민중신학에 따르면, 예수의 부활은 혁명을 위한 억압에 맞선 지속적인 봉기이기 때문에 민중의 부활은 항상 일어나고 있다. 민중신학은 예수가 누구인가가 중요한 것이 아니라 무엇을 했는지에 초점을 맞추고 있다.27) 민중신학은 예수가 민중의 자유와 해방을 위한 투쟁에 현존하는 존재로 이해한다.

민중신학이 강조하는 것은 자유와 해방을 위한 투쟁에서 민중의 역사적 사명의 중요성이다. 민중신학은 민중을 진정한 역사적 변혁의 주체로 파악하고, 하나님 나라의 도래에 기여할 해방투쟁을 이끌도록 하나님의 선택을 받은 존재로 긍정한다. 민중신학에서 예수는

Historical Theology of Asia, 169.
26) 위의 책, 171.
27) 위의 책, 174, 177.

민중이며, 민중 스스로가 예수가 되어 역사 속에서 그분의 정신을 구체적이고 역사적으로 성육신하는 것이다.28) 예수와 민중의 관계에 대한 이러한 이해는 억압받는 민중이 부활한 자, 즉 역사 속에서 죽음의 세력을 이길 수 있는 신적 능력으로 충만한 자로 그 역할을 혁명적으로 변화시킨다. 이는 하나님 나라의 진정한 주체로서 가난한 자의 종말론적 역할을 강조한다.29)

3. 민중신학의 종교―문화적 요소

한국 문화의 종교적 요소를 분석할 때 불교, 도교, 유교, 샤머니즘, 기독교 등 다양한 종교 또는 철학을 인정해야 한다. 한국 인구의 많은 수가 기독교 신자인데, 이는 종교적 신앙이 세속적 복을 가져다준다는 한국인의 믿음과 관련이 있다. 즉, 믿으면 이 땅에서 풍요로운 삶을 살 수 있다는 것이다. 대부분의 한국 기독교인들은 하나님이 경제적인 물질적 축복과 함께 정신적 축복을 주신다고 믿으며, 이는 서양 선교사들이 가르친 교훈이다. 또한 서양 선교사들은 종교와 신앙은 사회 정의가 아닌 개인의 구원과 관련이 있다고 가르쳤다.

한국 기독교의 뿌리를 서구 기독교에서 찾을 수 있다는 것은 의심의 여지가 없다. 한국 기독교는 선교사들의 노력으로 발전해 왔으

---

28) 위의 책, 179.
29) 안병무, 『민중신학이야기』, 232, 241.

며, 오늘날 다원적 종교 환경 속에서 존재하고 있다. 동시에 한국 기독교는 종말론적 초점이 강하고 성경을 문자적으로 해석하는 경향이 있다. 그러나 민중신학은 "서구 형이상학 중심의 신학적 제국주의"의 지배에 맞서 싸운다.30) 따라서 민중신학은 각 민족의 종교와 문화 속에서 서구 신학적 제국주의를 타파하는 동시에 토착화의 측면을 발전시키는 데 도움이 되는 식별적 요소를 찾기 시작했다.

민중신학은 한국의 위대한 종교 전통인 샤머니즘, 불교, 유교를 살펴보고 이러한 한국 전통 종교의 해방적 측면을 강조한다.31) 이러한 종교적 전통에서 해방은 개인적 차원과 사회적 차원 모두에서 이기심으로부터의 자유와 관련이 있다.32) 샤머니즘, 불교, 유교에서 해탈을 추구할 때 세속적 현실에 대한 부정에는 두 가지 유형이 있다. 하나는 사람들이 자신의 사회 정치적 책임을 망각하는 것을 말한다. 두 번째 유형은 사람들이 자유와 해방을 위한 역사적 투쟁에 참여하도록 유도한다. 이 투쟁은 직접적인 대결을 벌이지 않고 탈춤, 민담 (설화), 판소리 등의 형태로 숨어 있는 경우가 많다.33) 민중신학에서 이러한 민중문화 형식을 사용하는 것 자체가 수십 년 동안 고유한 전

---

30) Suh Changwon, *A Formulation of Minjung Theology: Toward a Socio-Historical Theology of Asia,* 216.

31) Suh David Kwang Sun, *The Korean Minjung in Christ.* (Hong Kong: The Christian Conference of Asia, 1991), 89, 133, 159.

32) "The Final Statement" in *Asia's Struggle for Full Humanity.* ed., Virginia Fabella, (Maryknoll, NY: Orbis Books, 1980), 157.

33) Hyung Young-Hak, "A Theological Look at the Mask Dance in Korea" in *Minjung Theology: People as the Subjects of History,* 47-54.

통 민중문화를 무시한 전체주의 정부에 대한 비판이었다. 이러한 문화적 수단은 또한 사회 분석과 현실을 이해하고 관계 맺는 민중 방식의 가치에 대한 인정으로 작용했다. 모든것이 민중 의식의 표현이다.

이러한 전통 문화 공연을 통해 민중들은 그동안 억눌려왔던 한을 풀 수 있었다. 탈춤에서는 공연자와 관객이 함께 부패한 불교 승려와 유교 귀족, 그리고 그들을 억압하는 자들을 희롱하며 그들을 조롱의 대상으로 삼는다.[34] 이 탈춤은 민중이 현실을 바라보는 시각을 표현한 것이다. 이 탈춤의 동작은 우아하거나 화려하지 않고 거칠고 열정적인 몸짓이며 거의 그로테스크하고 추악하다. 출연자들의 대사는 저속하고 더러운 단어와 성적 풍자로 가득 차 있다. 음악은 시끄럽고 관중들의 반응은 웃음과 고함소리로 가득하다. 탈춤으로 묘사되는 연극에서 하층민인 쌍놈은 상층민인 양반보다 높은 지위를 차지하며, 가난한 사람들이 양반을 조롱하고 공격하고 저주하는 모습을 볼 수 있다. 이 공연에서 지배층은 '범죄자'로 취급되어 민중의 심판을 받는데, 이는 현실을 대하는 지배층의 사악함과 위선, 그리고 피상성을 드러낸다.

민중은 탈춤의 연기자로서든 관객으로서든 이 세상에 대한 비판적 초월을 경험하고 표현하며 그 부조리함을 비웃는다.[35] 이러한 초월의 경험은 민중에게 유머를 잃지 않고 살아갈 수 있는 지혜와 힘을

---

34) Suh David Kwang Sun, "A Biographical Sketch of an Asian Theological Consultation," in *Minjung Theology: People as the Subjects of History*, 25.
35) Hyung Young-Hak, "A Theological Look at the Mask Dance in Korea" in *Minjung Theology: People as the Subjects of History*, 50.

주었다. 탈춤에서 민중은 가혹한 현실에 수동적이지 않다. 탈춤은 항의와 연대의식을 표출하고 지배층에 도전하는 방식이다. 탈춤은 절망적인 현실을 긍정적인 행동으로 전환하여 억압자를 조롱함으로써 저항한다. 탈춤의 경험은 민중에게 자유와 해방을 위해 싸울 수 있는 용기를 준다. 민중신학에서 가난과 서구 기독교로부터의 자유와 해방은 "온전한 인간성"으로 이어질 수 있다.36) 온전한 인간성은 자기 결정권과 정치적, 경제적, 종교 문화적 해방과 자유에 온전히 기여할 수 있는 능력을 포함한다. 이는 종교적, 윤리적, 그리고 신학적인 용어로 하나님의 나라를 의미한다.

4. 자유와 해방과 하나님 나라

종교는 미래에 관한 한 이데올로기와 다르다.37) 종교는 절대적인 미래에 관한 것이다. 그러나 "종교는 절대적인 미래를 주장하며 개인의 영적 성취뿐만 아니라 인간 사회의 가시적인 구조를 통해서도 이생에서 기대해야 한다고 강조한다."38) 하나님 나라의 개념은 절대 미래에 대한 기대, 해방과 구원의 목표인 자유 충만한 삶에 대한 기

---

36) Virginia Fabella, ed., *Asia's Struggle for Full Humanity: Towards a Relevant Theology*, 122, 152, 156-157.
37) Aloysius Pieris, *An Asian Theology of Liberation.* (Maryknoll, NY: Orbis Books, 1992), 25.
38) 위의 책.

대를 의미한다. 하나님 나라의 좋은 소식은 자유에 초점을 맞추고 있
으며 복음의 중심 메시지이다. 하나님 나라는 단순히 다음 세상에서
바라는 것이 아니라 이 세상에서 구체화되기 시작하는 현실이다. 하
나님 나라는 인간의 성취, 자유와 해방의 과정과 관련이 있다.

　　서남동에게 하나님 나라는 천년왕국과 같은 의미는 아니다. 하나님
나라는 천상적이고 궁극적인 상징이지만, 천년왕국은 역사적, 지상
적, 반 궁극적 상징이다. 따라서 하나님 나라는 신자가 죽을 때 들어
가는 장소로 이해된다. 그러나 천년왕국은 역사와 사회가 새롭게 되
는 시점으로 이해한다. 서남동에게는 천년왕국은 민중의 열망을 상
징한다. 하나님의 나라는 통치자들의 이데올로기의 일부이다. 하나님
나라의 모티브는 콘스탄티누스 시대 이후 비정치적 범주가 되었다.
따라서 억압받는 사람들의 열망은 인간 역사를 초월한 하나님 나라
의 모습이 아니라 역사적 미래에 있을 천년왕국에 대한 갈망의 형태
를 취해왔다.[39]

　　서남동은 구원과 하나님 나라의 관계를 설명할 때 사회적 차원보
다 개인적 차원을 더 강조했다. 그는 "하나님 나라에서는 개인의 구
원이 확보되지만 천년왕국에는 인류전체 사회적 현실의 구원이 확보
되어 있다"고 말했다.[40] 천년왕국은 이 세상을 강조하며 사회 정의
와 더 밀접하게 연관되어 있다. 반면 저세상, 피안의 세계를 강조하

---

39) Suh Nam-Dong, "Historical Reference for a Theology of *Minjung*," in
　　Minjung Theology: People as the Subjects of History, 162.
40) 위의 책, 162-163.

는 하나님 나라의 상징은 개인의 구원과 관련이 있다. 역사는 천년왕국에 온전히 이루어질 민중해방의 방향으로 발전한다. 그는 해방의 역사적 과정을 귀족이 주도하는 봉건 사회, 자본주의의 부르주아지 시대, 그리고 민중시대 세 단계로 정리한다.41) 이 마지막 단계에서 민중은 모든 형태의 억압으로부터 해방되고 자유의 몸이 될 것이다. 이 마지막 해방의 단계에 도달하기 위해서는 사회 전체가 새로워져야 한다. 천년왕국 너머, 인류 역사 너머에는 하나님의 나라가 있다. 천년왕국이라는 개념은 현재의 사회 질서를 부정하는 급진적인 사회변혁에 관한 것이며, 이 사회변혁은 민중이 일으킨다. 서남동이 하나님 나라를 이 세상 너머의 세계로 전치시킨 것은 요한계시록 20장 4~6절과 다른 성경 구절들을 문자적으로 읽은 데 따른 것으로 보이지만, 그에게 해방과 구원은 특정한 지점과 연결되어 있다. 서남동에게 개인의 구원은 하나님 나라의 문제이다. 그러나 그는 "천년왕국에는 인류 전체 사회적 현실의 구원이 확보되어 있다"42)고 주장할 때 천년왕국 안에 개인 구원의 의미를 어느 정도 포함하고 있는 것으로 보인다.

서남동과 달리 안병무는 하나님 나라를 역사의 궁극적인 목표로 간주한다.43) 하나님 나라의 건설이 최고의 목표이기 때문에 모든 민중적 노력의 목적이 되어야 한다. 그는 하나님 나라의 원형은 유일신

---

41) 위의 책, 169.
42) 위의 책, 162-163.
43) 안병무, 『민중신학이야기』 252.

야훼 통치 아래 있던 고대 이스라엘의 평등주의 사회, 즉 엠픽티오니 (amphictyony)라고 주장한다.44) 하나님 나라의 설립은 개별적인 사건이 아니며 앞으로도 그럴 것이다. 안병무에게 천년왕국 개념은 하나님 나라가 잘못 영적화(Spiritualized)되었을 때 등장한다.45) 그는 하나님 나라의 목적은 민중이 자유와 해방을 위해 투쟁할 수 있도록 힘을 실어주는 것이라고 주장한다. 하나님 나라에서 민중은 자기 운명의 주인공이 될 것이다. 이런 의미에서 하나님 나라는 민중이 열망하고 계속 소망하는 이 세상의 현실이다.

하나님 나라에서 믿음은 민중의 실천을 통해 성육신되고 경험된다.46) 하나님 나라의 실현은 죄와 악의 힘에 대항하는 투쟁에서 비롯된다. 이 투쟁은 모든 억압적 권력이 제거될 때까지 끝나지 않을 것이다. 안병무는 원죄를 "공공의 사유화"로 간주한다.47) 그는 창세기의 "인간의 타락"에 대한 이야기를 우화적으로 해석하여 공적인 것, 즉 모든 사람의 것이었던 것을 사적으로 소유하게 된 것을 죄의 원형으로 해석한다.48) 안병무에게 하나님 나라는 "공적인 것을 모든 사람에게 돌려주는 것"이다.49) 그러기 위해서는 성경에 나오는 희년

---

44) 위의 책, 55, 139.
45) 위의 책, 252.
46) 위의 책, 251.
47) 위의 책, 203-204, 326.
48) 안병무, "하늘도 땅도 공이다" 『신학사상』 53 (여름, 1986) 이 논문에서 안 교수는 아담의 죄는 공을 사적으로 소유한 것으로 본다. 사회학 용어로 안 교수가 말하는 공은 대중과 관련이 있다.
49) 안병무, 『민중신학이야기』 246.

정신을 이 땅에서 실천해야 한다고 주장한다.50)

안병무는 일용할 양식을 다른 사람들과 나누어야 하나님 나라를 경험한다고 말한다. 주기도문에서 알 수 있듯이 하나님 나라의 도래는 "우리의 일용할 양식"과 관련이 있다. 즉 우리가 재산을 포함하여 일용할 양식을 다른 사람들과 나눌 때 하나님 나라가 현실이 된다는 뜻이다.51) 그는 이러한 신학적 해석을 바탕으로 사회의 경제적 불평등을 근본적으로 변화시킬 수 있는 실천적 수단을 모색한다. 안병무는 평등 사회를 만들기 위해서는 개인과 공동체, 그리고 국가가 공적인 것을 사적으로 착취할 수 있는 모든 기회를 포기해야 한다고 말한다. 안병무에게 하나님 나라는 이 세상에 속한 것이기 때문에 하나님 나라는 타인에 대한 섬김을 중심으로 한 새로운 정치를 만들게 한다.52)

김용복은 메시아 정치(Messianic Politics)와 정치적 메시아주의(Political Messianism)를 구별한다.53) 정치적 메시아주의는 통치자의 이데올로기에 기반을 두는 반면, 메시아 정치는 민중의 섬김에 기반을 둔다. 김용복에게 천년왕국은 민중에 의해 세워질 메시아의 지상 왕국을 의미한다. 따라서 하나님 나라는 민중이 주도하는 해방 운동

---

50) 위의 책.
51) 위의 책.
52) 안병무, 『갈릴래아의 예수-예수의 민중운동』 (천안: 한국신학연구소, 1990), 110.
53) Kim Yong-Bock, "Messiah and *Minjung*: Discerning Messianic Politics over against Political Messianism," in *Minjung Theology: People as the Subjects of History.* ed., CTC-CCA (Maryknoll, NY: Orbis Books, 1981), 183.

이 구(old) 질서를 전복 할 때 비로서 경험된다. 김용복에게 하나님 나라는 민중이 참으로 역사적 주체가 될 수 있다는 것, 즉 스스로 자유와 해방에 기여하는 자기 주체적 민중이 될 수 있다는 것을 의미한다.54)

메시아의 지상왕국에서 하나님 나라는 코이노니아, 샬롬, 정의의 통치를 의미한다.55) 김용복은 "정의는 민중과 권력자의 이야기가 서로 모순되지 않도록 신실한 관계 또는 신실한 엮음이며, 코이노니아는 모든 사람들 사이에서 일어날 창조적 상호 친교작용의 내용이고, 샬롬은 인류의 건전한 발전과 복지를 의미한다"고 설명한다.56) 코이노니아는 권위와 권력의 효과적인 공유와 관련이 있다. 정의는 힘없고 고통받는 사람들을 보호하는 결과를 낳는다. 샬롬은 "민중을 구원하고 변화시켜 민중의 주체성이 실현될 수 있도록 하는 데 관심이 있다."57) 김용복이 강조한 세 가지 윤리적 덕목은 모두 민중의 투쟁을 통한 민중 성장의 영역을 강조하는 방식으로 이해된다.58)

54) 김용복, 『한국민중의 사회전기』(서울: 한길사, 1987), 249-250.
55) 위의 책, 255.
56) Kim Yong-Bock, "Messiah and *Minjung*: Discerning Messianic Politics over against Political Messianism," in *Minjung Theology*, 187.
57) 위의 책.
58) 위의 책, 192-193.

5. 소결론

김용복에게 하나님 나라는 민중의 존엄성이 중시되고, 민중의 주체성이 온전히 실현되는 사회를 의미한다. 서남동에게 하나님 나라는 "참여적(민중) 민주주의"를 통해 인간의 자유와 평등이 보장되는 사회생활을 뜻한다.59) 안병무에게 하나님 나라는 공적인 것을 공적으로 대우하는 평등주의 사회로 돌아가는 것이다.60) 김용복은 민중이 하나님 나라의 진정한 주체라고 주장한다. 서남동은 개인 구원(하나님 나라)보다는 보다 인간적인 사회를 위한 사회 변혁(천년왕국)의 중요성을 제기한다. 안병무에게 하나님 나라는 개인적 사건이 아니며, 그 목적은 평등주의 사회로의 회귀이다. 세 사람 모두 민중신학이 민중의 자유와 해방을 의미하는 온전한 인간 존엄성에 대한 인식을 바탕으로 정의로운 대안 공동체를 이루기 위해 급진적인 사회변혁을 강조한다. 이들의 윤리적 비전은 한(恨)없는 사회를 만드는 것과 관련이 있다.

누가복음 17장 21절은 하나님의 나라가 우리 가운데 있다고 말씀한다. 이 말씀은 하나님 나라가 먼 곳이나 미래의 현실이 아니라 "지금 그리고 여기"에 있다는 뜻이다. 대학 시절 학생시위 때 하나님 나라에 대한 소망을 담은 민중가요를 불렀던 기억이 난다. "한밤의 꿈은 아니리 오랜 고통 다한 후에 / 내형제 빛나는 두 눈에 뜨거운

---

59) 서남동, 『민중신학의 탐구』 (서울: 한길사, 1983) 139, 148, 157-158.
60) 안병무, 『민중신학이야기』 246.

눈물들 / 한줄기 강물로 흘러 고된 땀방울 함께 흘러 / 드넓은 평화의 바다에 정의의 물결 넘치는 꿈 / 그날이 오면 그날이 오면..."61)

　　민중신학에서 하나님 나라는 어떤 형태로든 이 땅에서 실현될 것을 기대한다. 오늘날 한국인들에게 하나님 나라는 민족의 통일 없이는 실현될 수 없다. 자유와 해방이 한국에서는 본질적으로 평화통일과 연결되어 있다. 한국은 세계 유일의 분단국가이다. 1953년 7월 27일 판문점에서 한국전쟁을 중단하는 휴전이 체결된 이후 70년 넘는 동안 한반도 분단은 한국 국민에게 많은 고통과 아픔을 안겨주었다. 분단된 한반도에서 공산주의와 자본주의와 같은 이념분쟁과 남북한 간의 군사적 군비경쟁은 하나님 나라의 윤리를 가로막는 가장 큰 장애물이다. 평화통일의 그날이 오면 진정 한반도에 하나님 나라가 임하는 걸까?

---

61) 노래를 찾는 사람들, "그날이 오면" 「노래를 찾는 사람들II」 (1989).

3부

상생신학의 사랑과 화해

상생신학의 사랑과 화해[1]

　사랑과 화해의 개념을 중심으로 하는 상생신학을 알아본다. 상생신학은 박종천과 홍정수에 의해 처음 시작되었다. 1989년 11월 30일, 감리교신학대학교 교수였던 홍정수는 감리교신학대학교 세계신학센터 심포지엄에서 상생신학에 관한 발표를 했다. 그리고 그 다음 해인 1991년 감리교신학대학교 박종천 교수는 「상생의 신학」이라는 책을 펴내면서 한국 신학의 세 번째 단계로 상생신학을 제안했다. 박종천 교수에 따르면 1960년대 초부터 시작된 한국 신학의 첫 번째 단계는 토착화 신학이었다. 이 첫 단계에 참여한 신학자들은 감리교신학대학 교수진으로 윤성범, 박봉배 등 이었다. 1970년대 민중신학을 한국 신학의 두 번째 단계로 본다. 1980년대 말과 1990년대

---

1) Park Sam-kyung, "The Notion of Reconciliation in *Sangsang* Theology for Korean reunification" *Theology of Life & Peace in Korea. Madang* Journal Editors. (Seoul: Dong Yeon Press, 2013) 163-184. 일부 내용을 번역하여 인용.

초에는 토착화 신학의 해석학적 보편성과 민중신학의 해방적 부분성을 결합한 상생신학의 제3단계 한국 신학이 전개되었다. 그 당시 박종천을 비롯해 왕대일, 안석모 등 다른 상생신학자들이 감리교신학대학교 교수로 재직하고 있었다. 홍정수는 1992년 감리교신학대학교를 뒤로하고 미국 캘리포니아주 로스앤젤레스로 이민을 떠났다. 그리고 영남신학대학교 교수인 정경호는 교수 되기전 2002년 뉴욕 유니온 신학대학원에서 박사 학위 논문을 통해 상생신학의 윤리에 관해 상세히 다루었다.

상생신학을 분석할 때 해원(원한-해소)과 상생(사랑-화해)의 개념에 주목한다. 해원과 상생은 하나님 나라 윤리에 기여할 수 있는 사랑과 화해의 윤리적-신학적 담론의 핵심내용이다. 상생신학의 주요 개념인 해원상생은 한국인의 정치적, 종교적 열망에 뿌리를 두고 있으며, 이는 남북한 화해의 기본이 된다. 상생신학은 기독교의 구원 메시지를 상극(갈등), 이념적 갈등, 민족의 분단, 사회경제적 모순을 극복하고 승리하는 상생의 빛으로 해석한다.

1. 해원상생 사상: 종교적, 윤리적 개념

해원상생 사상은 강일순(1871~1909)이라는 필명을 사용한 강증산에 의해 발전된 종교 사상이다. 해원상생 사상은 서구 제국주의와 일본 제국주의 시대에 한국인의 해방을 향한 정치적, 정신적 열망에서 비롯되었다. 강증산은 조선 왕조 말기인 19세기 말, 민중의 여러 반란으로 인한 사회적 혼란기에 살았다. 새로운 세상을 만들겠다는 의지로 민중이 주도한 1894년 동학혁명은 강증산의 사상에 영향을 미쳤다. 동학혁명의 실패, 즉 사회-정치적 혁명을 통해 새로운 세상을 만들지 못한 데서 오는 영적 깨달음이 그에게 있었다. 이에 대한 대안으로 강증산은 해원상생의 무속적 전통을 한국 불교, 유교, 도교 등 다른 종교 전통에 접목하여 만들고 또한 해원상생에 기초한 운동을 제안했다. 해원상생은 모든 원한과 적대적인 관계를 내려놓고 서로 용서하고 사랑하여 함께 평화롭게 살면서 새로운 세상을 만들자고 촉구한다.

해원상생 사상에서 갈등은 모든 고통의 근원으로 간주되며, 갈등의 제거는 진정한 평화의 희망이 번성하기 위한 필수 조건이다. 강증산은 우주론적 관점에서 갈등을 정의했다. 강증산에 따르면 선천(先天)시대에는 갈등으로 인해 세상에 온갖 비참한 재난과 전쟁이 일어났다. "상극(갈등)의 원리가 모든 것을 지배했기 때문에 사람들은 갈등의 환경 속에서 살았다"라고 말한다.[2] 강증산의 우주론에 따르면 우주는 크게 두 단계로 나뉜다. 선천단계에서는 양이 음을 지배하기 때문에 자연의 불균형이 존재하며, 이 두 기운이 잘 순환하지 않기 때문에 상극(갈등)이 모든 생명을 지배한다. 하나됨과 조화로 돌아가는 시기인 후천(後天) 단계에서는 음양의 관계가 완벽한 조화와 균형

2) 유철, "증산도의 해원사상" 「증산도 사상」 5집 (서울: 대원출판사, 2002), 45-46.

을 이루기 때문에 평화가 찾아온다. 상생(사랑 나눔)은 후천에서 실현될 것이다. 강증산의 가르침에 따르면, 동학혁명이 일어났던 시기는 상극 시대인 선천이 끝날 무렵으로, 상생이 마침내 상극을 극복하는 후천의 시작을 의미하는 개벽시대가 다가오고 있었다. 사람들은 새로운 해원상생의 세계로 자신을 열어가도록 부름을 받았다.3)

1) 해원(원한 해소)

해원은 강증산 수행의 주요 초점이다. 그에 따르면 상극을 극복하기 위해서는 해원이 필요하다. 해원은 한자어에 뿌리를 둔 우리말로 "해결하다"라는 뜻의 해(解)와 "괴로움, 슬픔, 원한"이라는 뜻의 원(寃)으로 구성되어 있다. 따라서 해원은 괴로움과 슬픔을 해결하고 소통을 막는 원한을 해소하는 것을 의미한다. 한(恨)과 원(寃)의 한국어 개념에는 차이가 있지만, 한-중 사전에서는 두 개념이 동의어이다.4) 증산도 교리에 따르면 원은 한의 전제 조건이다.5) 한은 원이 쌓인 것이다. 원은 분노, 좌절, 억압과 불의에 대한 해결되지 않은 분노, 무력감, 완전한 버림받은 느낌 등의 감정을 말한다. 시간이 지남에 따라 원은 축적되어 깊은 감정, 한이 된다.

---

3) 박종천, 「상생의 신학」 467.
4) 신원문화사 편, 「최근한문사전」 (서울: 신원문화사, 1995), 206.
5) 세종출판사 편, 「누구나 알기쉬운 증산도의 기본교리」 (서울: 대원출판사, 2000), 102.

2) 상생(사랑-화해)

상생은 "서로"라는 뜻의 상(相)과 "생명"이라는 뜻의 생(生)이 합쳐진 단어이다. 상생은 서로 돕고 함께 사는 것, 즉 사랑 나눔으로 정의된다. 일상생활에서 상생은 상대방의 행복을 위해 일하는 것을 말하며, 그 목표는 생명을 살리는 것이다. 상생은 다른 사람을 희생해서 번영하는 것이 아니라 다른 사람을 도와야만 개인이 번영할 수 있다는 사실을 의미한다. 상생을 받아드리려면 상대방에게 자신을 개방하고 진정한 친구가 되어야 한다. 상생은 서로의 힘듦과 아픔, 그리고 희망을 함께 나누는 친구같은 사랑을 의미한다. 상생은 서로 교감이 가능한 환경을 조성하는 상호 친교관계를 전제로 한다.

강증산은 상생을 두 손이 서로를 깍지 낀 동작과 같다고 말한다.[6] 상생은 상대방이 잘되도록 돕는 일이다. 돕다가 잘되면 남은 것을 가져가기만 하면 서로의 일은 완성되는 것이다. 상생의 기본 원칙은 이웃의 안녕과 성공이다. 나와 다른 사람과 우정을 나누고, 자연과 조화롭고, 신과 평화롭게, 모두를 사랑하며 사는 것, 그것이 바로 상생이다. 상생은 어느 한쪽의 일방적인 노력만으로는 이루어질 수 없으며, 서로 분리될 수 없고 본질적으로 하나가 되는 상호 친교관계에 초점을 맞추고 있다. 이러한 상호 친교관계가 깍지 낀 손처럼 서로의 조화를 이룬다. 상생은 어느 한쪽이 다른 한쪽 없이는 존재할 수 없다는 생각에서 비롯된다. 상생에서 조화는 변화를 인식하고 수

---

6) 위의 책.

용하는 데서 시작된다. 변화에 대한 저항은 불균형, 부조화, 분리를 낳는다. 상생을 이루기 위해서는 필연적으로 분열을 조장하고 조화롭게 살지 못하게 하는 사회구조와 그런 사람들과의 투쟁이 수반되어야 한다. 상생은 우정이라는 친구같은 사랑의 상호친교 작용을 통해서만 가능하다.

2. 상생신학의 주요 요소

1980년대와 1990년대에 박종천과 홍정수는 특히 예수 그리스도와 성령의 관점에서 강증산의 사역을 해석하는 데 중점을 두고 상생신학을 정교화 했다. 이들은 한국적 신학을 구축하기 위한 새로운 모티브로서 상생을 제안했고, 이를 상생신학이라고 설명했다. 분단 사회에 존재하는 갈등의 문화와 달리 사랑과 화해의 문화를 만드는 데 집중했다. 이것이 바로 한국의 모든 모순을 조화시키는 상생신학의 목표이다. 상생신학의 원리는 중심과 주변, 여성과 남성, 약자와 강자, 억압자와 피억압자를 포용하는 역동적인 상보성의 균형에 의해 지배된다. 상생신학은 개인적 차원과 사회적 차원에서 화해와 사랑 그리고 치유의 발전을 제안한다. 다른 사람을 포용하고, 받아들이고, 돕고, 봉사하고, 함께 살아가는 데 중점을 둔다.

박종천 교수에 따르면 상생신학은 신학적으로 다섯 가지 특징을 갖고 있다.[7] 첫째, 상생신학은 "한편으로는 신앙 공동체의 텍스트와 전통을, 다른 한편으로는 인류 공통의 경험과 언어"를 자료로 삼는다. 두 번째 특징은 상생신학의 학문적 과제, 즉 "이 두 가지 자원을 연구한 결과의 상호 비판적 상관관계"와 관련이 있다. 셋째, 상생신학은 "한민족과 한국 민중의 공통된 경험과 공통된 언어, 즉 한(恨) 또는 원(冤)에 내재되어 있는 궁극적인 물음을 현상학적으로 탐구"한다. 상생신학의 네 번째 특징은 "서구 신학의 왜곡된 텍스트와 전통에 대한 사상적 비판을 통해 해방의 실천을 위한 기독교 텍스트와 기독교 전통의 진정한 권위를 되찾는 것"을 말한다. 마지막으로 상생신학은 원한의 해소를 통해 상생의 삶에 대한 독특한 해석학에서 현상학적 순간과 이념적 순간을 비판적으로 상호 연관시킨다.8)

박종천에게 성령은 인간으로 하여금 죽음과 폭력의 문화를 극복하도록 이끌고 평화와 상생으로 우리의 관심을 돌리게 하는 분이다. 성령만이 사람들에게 조화와 평등, 사랑과 공존의 특징인 새로운 사회를 위해 투쟁할 수 있는 힘을 줄 수 있다. 박종천은 『하나님과 함께 기어가고, 성령과 함께 춤추라』는 책에서 이렇게 말한다. 우리는 우리 사회가 정의가 강물처럼 흐르는 사회가 되기를 원한다. 우리는 여성과 남성이 동등하게 대우받는 비옥한 토양이 되기를 원한다. 통일의 열매를 함께 나누고 싶다. 농부들은 수확을 고대하며 기쁨으로 추수 축제를 축하할 준비가 되어 있다. 성령만이 우리에게 그런 사회를 실현할 수 있는 힘을 주실 수 있다. 성령은 사람들에게 상극(갈등)

---

7) 박종천, 「상생의 신학」 468-469.
8) 위의 책.

을 이겨낼 수 있는 힘을 주시고, 이 세상에서 상생을 이루는 하나님의 동역자가 되게 하신다.9) 박종천은 자녀인 우리를 위로하는 어머니로 성령을 이해한다. "육체는 성령의 성전"(고전 6:20)이기 때문에 육체의 생명은 어머니에 의해 긍정되고 돌봄을 받는다. 그는 우리 몸의 부활을 기대하면서 우리의 통곡을 춤으로 바꾸시는 어머니로서의 성령의 감동과 감화를 받는다고 주장한다.10)

　박종천은 종교적 분열을 극복하기 위해서는 통(通)(교회)이 존재해야 한다고 말한다. 통은 성스러운 것과 속된 것, 또는 상반된 믿음을 가진 사람들 사이의 상호 의존과 상호 침투를 모두 포함한다. 통은 "모두가 그리스도 안에서 한 몸이요 한 성령이 되어" 하나가 되어야 한다는 에베소서 4장 4절을 반영하는 한몸 공동체를 의미한다.11) 통은 교회의 제도적 요소를 부정하지 않으면서도 정화되고 하나된 교회의 비전을 제시한다. 통은 십자가가 가져온 화해에 기초하고 통은 사람을 다스리는 것보다 섬기는 것을 선호하며, 통에게 있어 사랑은 정적인 것이 아니라 역동적이어서 교회들 간의 연대를 가져온다. 상생신학이 제안하는 통은 더불어 사는 삶과 사회적 연대에 초점을 맞추고 있다. 박종천은 하늘과 땅, 인간과 인간 사이의 사랑의 상생이 꽃피는 한국 민족의 원형으로 통을 제안한다.12)

---

9) Park Jong-Chun, 「Crawl with God. Dane in the Spirit」 (Nashville, TN : Abingdon Press, 1998) 134-135.
10) 위의 책, 133.
11) 박종천, 「상생의 신학」 236, 470.
12) 위의 책, 237, 471-472.

홍정수는 상생신학을 고백과 용서에 관한 예수의 가르침과 연결시킨다.13) 홍정수는 예수의 운동을 사두개파, 바리새파, 열심당, 에세네파 등 당대의 다른 네 가지 운동과 구별하기 위해 제5의 운동이라고 부른다.14) 예수의 다섯 번째 운동은 다른 운동이 제안한 길을 거부했다. 예수님만의 길은 "회개하라 천국이 가까웠느니라"(마태복음 4:17)는 말씀으로 가장 잘 표현된다. 이 계명은 모든 원한과 적대감을 없애고 용서하며 함께 사랑하며 살 것을 촉구하는 상생 신학의 핵심이다.

홍정수에게 예수의 죽음과 부활은 무엇보다도 용서를 의미했다.15) 용서는 하나님의 뜻이자 상생의 길이다. 예수께서 십자가에 못 박히시고 부활하신 것은 바로 제자들에게 용서의 능력을 전수하기 위해서였다(마태복음 16:19, 요한복음 20:23). 예수의 기쁜 소식은 모두가 조화롭고 평등하게 공존할 수 있는 새로운 사회를 위해 용서하고 자신을 희생하는 상생의 정신과 동일시된다. 홍정수는 예수가 후천개벽, 새 시대의 개막을 선포한 것으로 보고 있다.16) 홍정수는 상생의 정신은 용서와 화해의 과제를 수행하기 위해 예수 그리스도를 통해 우리에게 주신 하나님의 축복이라고 주장한다.17)

상생신학에서 하나님은 상생의 하나님이다. 박종천과 홍정수 교수의 이해를 바탕으로 왕대일 교수는 창세기 16장을 분석하여 상생

---

13) 홍정수, "상생신학과 한국교회의 미래"「세계의 신학」6 (1990, 4월) 11.
14) 위의 책, 22.
15) 위의 책, 27.
16) 위의 책, 26.
17) 위의 책, 29.

의 하나님을 설명한다.[18] 그는 하갈에게 "네 주인에게로 돌아가라" (창 16:9)는 하나님의 명령에 초점을 맞춘다. 왕대일은 하갈에게 큰 잘못을 저지른 사라와 함께 살라는 하나님의 명령은 상처와 불의에도 불구하고 사람들이 함께 살기를 원하신다는 것을 의미한다고 결론짓는다. 하나님은 모든 인류가 세상에서 함께 더불어 살기를 원하신다고 그는 말한다.

왕대일에 따르면 상생의 하나님은 사람들이 함께 살 수 있도록 치유하신다.[19] 창세기 16장에서 하나님은 하갈과 사라를 모두 치유하셨다. 하갈은 상생의 실천을 통해 사라와의 관계를 회복할 수 있었다. 사라에게 상생은 하갈과 평등한 관계를 요구하였다. 상생신학의 하나님은 두 여성이 각자의 정체성을 유지하면서 동시에 공존과 호혜의 관계를 맺기를 원하신다. 바로 그러한 관계 속에서 두 사람 사이의 치유가 일어날 수 있다. 왕대일은 이스라엘이 기다렸던 하나님 나라는 공존, 상호성, 평등의 공동체였다고 주장한다.[20] 이 공동체는 하나님의 통치 아래 함께 살아야 했다. 왕대일에 따르면, 상생의 하나님은 "애굽은 내 백성이요 앗수르는 내 수공예품이요 이스라엘은 내 기업이로다"(이사야 19:25)라고 말씀하신다. 사실 당시 이스라엘은 애굽과 앗수르 모두에게 적대적이었다. 하지만 하나님은 이스라엘을

---

18) 왕대일, "구약신학의 새지평과 상생의 실천," 「상생신학」, 세계신학연구원 편 (서울: 조명출판사, 1992) 88.
19) 위의 책, 89.
20) 위의 책, 90.

하나님의 백성으로 부르셔서 그들과 함께 살게 하신다. 상생신학에서 하나님은 배타, 갈등, 증오의 하나님이 아니라 포용, 사랑, 화해의 하나님이다.21)

3. 상생의 윤리: 사랑과 화해 그리고 치유

올바른 관계는 상생의 개념에 필수적이다. 인간은 선천적으로 관계적 존재이다. 우리는 관계 속에서, 공동체 속에서 태어난다. 우리는 모든 사람을 위해 사랑, 평화, 정의를 증진하는 방식으로 서로에게 행동할 수 있다.22) 그러나 우리가 사는 세상에서는 상호성을 원칙으로 하는 도덕과 상반된다. 인간은 인간과 인간, 인간과 자연, 인간과 신 사이에 비참한 재앙을 초래하는 방식으로 행동하려는 의도를 가지고 있는 것 같다. 상생의 윤리는 올바른 관계를 이루어 원한이 해소되는 것을 목표로 한다.

이러한 상생 윤리적 이해는 사람들이 서로에 대한 적대적인 감정을 극복함으로써 화해와 치유를 추구하도록 이끈다. 복수는 일시적으로 원한을 확산시킬 뿐이기 때문에 갈등, 즉 원한은 적에게 복수하는 것으로 극복할 수 없다. 대신 해원 수행이라는 긴 여정을 통해 원에 대해 신묘하고 덕스럽게 대처해야 갈등과 적대적 감정에서 벗어

21) 위의 책, 88.
22) 안석모, "실천신학 방법으로서의 상생모델," 「상생신학」 (서울: 조명출판사, 1992), 165.

날 수 있다.23) 해원 수행을 통해 사람들은 수십 년 동안의 단절과 지배, 분열을 넘어 연대와 통합의 성취를 누리며 상생의 실체를 온전히 깨달을 수 있다.

1) 홍정수: 해원상생, 음양, 그리고 대화

홍정수에 따르면 해원상생은 실천적 개념이자 덕목일 뿐만 아니라 선물이기도 하다.24) 해원상생은 새로운 시대(개벽)를 시작(후천)하기 위해 신이 주신 선물이다. 해원상생은 이 새 시대의 개막을 가능하게 하는 윤리적 실천이다. 그러므로 해원상생은 인간의 적극적인 노력과 하나님의 뜻이 결합된 신과 인간의 협력 과정이다. 해원상생에 대한 이해는 인간의 행동과 우주론을 모두 다루고 있다.25) 해원은 새로운 세상을 건설하기 위해 우주의 모든 존재를 본래의 모습으로 되돌리는 것과 관련이 있다. 해원-상생의 목표는 새로운 세상에서 새로운 삶의 방식을 장려하는 것이다.26)

해원과 상생의 관계는 음양 사상과 병행하여 살펴볼 수 있다. 동양 사상에서는 세상의 모든 것을 음과 양으로 나눌 수 있다. 음양은 우주의 기본 원리를 구성한다. 음양은 상호 보완적인 원리이며, 어느

---

23) Park Jong-Chun, "Interliving Theology as a Wesleyan Minjung Theology" 「Methodist and Radical: Rejuvenating a Tradition」 (Nashville, TN; Abingdon Press 2003), 167.

24) 홍정수, "묻혀있는 예수: 상생의 신학," 30.

25) 위의 책, 28.

26) 위의 책, 30.

한쪽이 다른 쪽을 지배하는 것이 아니라 균형을 이루는 원리이다. 어느 쪽도 다른 쪽보다 우월하지 않다. 음과 양은 공존하는 극과 극의 두 가지이다. 본질적으로 서로 반대이지만 음과 양은 하나가 다른 하나 없이는 존재할 수 없기 때문에 서로 결합되어 있다. 음은 양과 관련이 있고 양은 음과 관련이 있다. 음의 존재는 양의 존재를 전제로 하며, 그 반대의 경우도 마찬가지이다. 음과 양은 서로 배타적이면서도 동시에 서로를 보완하는 관계이다. 음양은 파괴적인 관계가 아니라 창조적인 관계이며, 서로의 차이를 존중하는 것이 음양을 의미 있고 역동적으로 만드는 이유이다.27) 음양은 바다의 물과 파도 사이의 관계와 비슷하다. 전자는 바람에 의해 휘저어질 때만 후자가 되기 때문에 바다의 물과 파도는 정확히 같지 않다. 그러나 바닷물과 파도가 다르지 않다는 것도 사실이다. 둘 다 바닷물이라는 공통된 본질을 가지고 있으며, 바다의 파도는 바다의 물과 분리될 수 없지만 동일하지는 않다.

　　조화는 음과 양의 관계적 범주를 이해하는 열쇠이다. 하나는 그 자체로 다른 하나를 포함한다. 음과 양은 하나가 되는 방식으로 상호 연관되어 있지만 서로 반대 극에 있다. 음과 양은 상반된 특성과 상반된 역할을 가지고 있지만 분리할 수 없다. 음양은 관계적인 실체이다. 음양을 바탕으로 변화의 흐름을 인정하고 받아들일 때 조화가 존재한다. 조화의 극과 극인 음양은 변화하는 역동적인 현실이다. 변화

---

27) Lee Jung-Young, 「Theology of Change」 (Maryknoll, NY: Orbis Books 1979), 4-5.

에 대한 우리의 저항은 부조화를 만드는 불균형이다. 음은 항상 양이 되고 양은 항상 음이 된다. 하나가 다른 하나를 포용하면 상호 작용의 역동성이 생겨 갈등이 아닌 조화가 이루어진다. 따라서 조화는 차이가 없거나 어느 한 쪽이 다른 쪽을 지배하는 결과가 아니다. 조화는 서로 다른 요소의 참여를 통해서만 가능하다.

음이 양 없이 존재할 수 없고 양이 음 없이 존재할 수 없듯이, 해원과 상생은 서로의 관계 속에서 존재한다. 해원은 상생 이전에 존재하고 상생은 해원의 작용의 결과이다.28) 해원의 과정을 거치지 않고는 상생에 도달할 수 없다. 해원은 긴장의 과정을 의미하고, 상생은 긴장의 결과를 의미한다. 해원이 존재하기 때문에 상생에 도달할 수 있다. 해원은 사회 구조에 존재하는 긴장을 인식할 수 있는 기회를 제공한다. 이러한 인식이 상생을 향한 길을 열어준다.

해원과 상생의 관계는 상생 우주론에 근거한 것이기도 하다.29) 상생의 천지인 우주론에서는 "하늘의 높음과 땅의 낮음(하늘이 얼마나 높은가와 땅이 얼마나 낮은가는 같음)에는 차이가 없다. 그러나 바라보는 관점에는 차이가 있다. 이것은 하늘이 땅을 내려다보는 것이 아니라 땅과 하늘이 같은 수준에서 서로를 바라보고 있다는 것을 의미한다."30)

---

28) 홍정수, "묻혀 있는 예수: 상생의 신학," 30.
29) Park Kyu-Tae, "Ethics and Femininity in Korean and Japanese New Religions - Focusing on Chungsangyo and Tenrikyo" 「Women and Religion: Tenri International Symposium」 (Berkeley: The Graduate Theological Union, 2003), 166.

상생 신학은 강증산의 해석에 근거한 상생 우주론의 이해를 변화시킨다. 이전 세계에서는 땅의 미덕의 위대함을 알지 못했기 때문에 하늘만 존중되었다. 앞으로는 하늘과 땅이 모두 동등하게 존중받게 될 것이다.31) 음과 양, 하늘과 땅, 해원과 상생의 관계는 서로의 동등한 입장에서 대화를 나누는 과정과 유사하다. 해원상생은 사람들이 미래로 함께 나아가기 위해 서로에게 마음을 열고, 서로를 알아가고, 함께 모여 서로에게서 배울 것을 요구한다. 대화의 과정은 음양과 해원상생에 대한 이해를 포함하며, 따라서 사람들이 하나님, 자기 자신, 이웃과의 깨어진 관계를 넘어서는 효과적인 방법이 될 수 있다.

2) 박종천 : 성령, 생명나무, 윤리적 덕목

기독교적 관점에서 박종천은 상생과 해원을 성령의 임재와 연관시킨다. 갈등(원한)의 배후에 무엇이 있는지 살펴본 박종천은 '내 안에 계신 하나님'이라는 독특한 체험이 원한의 악순환을 극복할 수 있다고 주장한다. 신의 지극한 기(氣, 온 우주에 스며드는 생명력 또는 근원적 힘)가 마음속에 깃들고 '내 안에 신이 있다'는 내적 증거에 깨어날 때 비로소 한에서 벗어날 수 있다는 것이다. 그의 견해에 따르면, "신의 최고 기(영)가 마음속에 내려오지 않는 한, 신내재성(God-within-ness)에 대한 각성은 있을 수 없다."32) 박종천에게 해원상생

---

30) 위의 책, 166-167.
31) 위의 책, 164.
32) Park Jong-Chun, "Interlivng Theology as a Wesleyan Minjung Theology,"

은 성령과 자아의 관계에서 비롯된 결과이다. 이 관계가 해원상생을 가능하게 하고, 사람과 사람 사이, 우주와 우주 사이의 평화와 화해를 가져온다. 그러므로 해원상생은 바로 화해, 새로운 세상을 창조할 수 있는 이해와 행동 방식에 관한 것이다.

박종천의 또 다른 신학적 윤리적 이해는 한에 대한 이해이다. 그에게 한은 잘려나갔다가 생명나무인 십자가와 결합되어 상생의 열매를 맺는 나무와 같다.[33] 해원상생은 화해의 십자가에서 볼 수 있다. 화해의 십자가가 수직적 차원(인간과 하나님 사이)과 수평적 차원(인간과 인간 사이)을 모두 가지고 있듯이, 해원상생도 개인적 차원(수직적)과 사회적 차원(수평적)의 두 가지 차원을 가지고 있다.[34] 개인적 차원은 하나님과의 신비로운 연합(시천주: 신내재성)에 대한 자각과 인간과 하나님 사이의 화해에 관한 것이다. 사회적 차원에서 해원상생은 인간과 온 세상이 하나님과 화해하는 후천개벽을 가져오는 것을 시작한다. 후천개벽은 인류의 노력에 의해 결정되는 우주 질서의 급진적 변화를 가리킨다. 따라서 해원상생은 개인은 물론 사회에 영향을 미치고 모두가 의미 있는 공동체에서 함께 살아갈 수 있도록 하는 윤리적 실천, 즉 윤리적 덕목인 습관적 실천이다.

박종천은 여성과 남성이 모든 면에서 평등해야 한다는 민중 시인

176, 171.
33) 박종천, 「상생의 신학」 30, 102.
34) Park Jong-Chun, "Interlivng Theology as a Wesleyan Minjung Theology," 176.

이자 생명 옹호론자인 김지하 시인의 말을 인용했다. 김지하 시인은 부자와 가난한 사람이 평등해야 하고, 높은 사람과 낮은 사람이 같은 수준에 있어야 한다고 주장한다. 김지하는 강자와 약자 사이의 모든 사회적 차별을 없애야 한다고 말한다.35) 박종천은 상생이 타인을 배려해야 할 필요성을 일깨우는 사고방식의 패러다임으로 기능할 수 있다고 주장한다. 이는 개인적 차원뿐만 아니라 사회적 차원에서도 대립과 분쟁, 전쟁의 인류 문명을 화해와 화합 그리고 평화와 통합의 문명으로 변화시킬 수 있을 것이다. 따라서 해원상생은 모든 사람을 이롭게 하는 홍익인간(弘益人間)과 세상을 이롭게 하는 재세이화(在世利化)를 사회 전체의 덕목으로 제시하는 것이라 할 수 있다.36)

박종천은 동학사상(東學思想)의 핵심 개념인 인내천(人乃天, 인간이 곧 하늘이다)을 사용한다. 동학사상에서 하나님은 여성, 노예, 추방자, 장애인, 가난한 사람 등 모든 사람 안에 계신다. 인내천의 핵심은 억눌린 자, 가난한 자, 힘없는 자를 이롭게 하는 것이다. "상대방을 하늘 또는 신의 대리자(시천주)로 여겨야 한다. 따라서 신에게 베푸는 복종은 모든 사람에게 베풀어야 하며('사람을 신처럼 대하라'는 뜻의 사내천), 이는 구체적으로 여성, 어린이, 노예 등 하층민에 대한 순종의 실천을 의미했다"고 설명했다.37) 강증산은 이 개념을 "하나님을 대하듯

---

35) 박종천, 「상생의 신학」 439.
36) 박종천은 단군신화의 내용을 기본으로 삼고 있다.
37) Park Jong-Chun, "Interlivng Theology as a Wesleyan Minjung Theology," 169-170.

모든 사람을 대하라"로 발전시켰다. 이 근본적인 윤리 규범은 모든 사람이 하나님의 형상(Imago Dei)이라는 기독교적 이해에 기여하며, 이는 다시 모든 인간의 본질적 존엄성에 대한 근거가 된다. 이런 의미에서 해원상생은 종교적 덕목이자 윤리적 덕목으로 간주된다. 해원상생은 해탈-구원과 세상의 사랑-화해로 가는 길이다.

3) 정경호: 모두를 포용하고 화해하다

정경호는 상생의 윤리를 설명하기 위해 홍정수의 실험을 언급한다.[38] 홍정수는 상생이란 타인을 수용하는 것으로 보고 다음과 같은 실험을 했다: 그는 암탉에게 자신의 닭알과 함께 오리알을 품게 했다. 3주 후 노란 병아리와 새끼 오리가 부화했고, 새끼들은 모두 암탉을 따라다녔다. 암탉은 병아리와 새끼 오리에게 먹이를 주는 일까지 도맡아 했다. 홍정수는 상생이란 암탉이 새끼 병아리 뿐만 아니라 새끼 오리를 품어주는 것과 같다고 표현했다. 예수님처럼 모든 사람을 포용하고 모든 사람을 돌보는 것, 이것이 바로 상생의 목표였다.[39]

또한 정경호는 '해원의 떡'의 이미지를 통해 상생 윤리가 무엇인지 명확하게 설명한다.[40] 한국 전통에서는 정월 15일에 해원의 떡

---

38) Jeong Gyoung-Ho, "Korean Christian Ethics for Peaceful *Tongil* between South and North Korea," Ph. D. diss. (NY: Union Theological Seminary, 2002), 249-250.
39) 홍정수, "한국인을 위한 상생의 영성," 213-214, 236.
40) Jeong Gyoung-Ho, 위의 책, 241.

을 먹으며 타인에 대한 원한을 완전히 없애는 풍습이 있다. 다른 사
람과 음식을 나누기 위해서는 밥상 공동체(식탁 공동체)의 구성원인
모든 사람을 용서하고 화해해야 한다. 해원의 떡은 치유와 화해의 과
정을 상징하는 음식이다.41) 함께 밥을 먹음으로써 화해가 가능해지
고 치유가 모두에게 자라나며, 뗄 수 없는 하나의 사랑공동체임을 확
인한다.

　　화해와 치유로서의 해원에는 무조건적이고 무차별적인 포용의
의지가 필요하다. 화해를 위해 상대를 포용하려는 의지는 상대방과
의 갈등보다 우선시 되어야 한다. 모든 인간은 하나님 앞에서 평등하
기 때문에 누구도 사랑공동체의 품에서 배제되어서는 안 된다는 전
제 아래 화해는 진행되어야 한다. 하나님과 화해하기 위해서는 공동
체 안에서 다른 사람에 대한 원한(분노)을 극복하고 화해의 사회적 미
덕을 실천해야 한다. 또한 상생 윤리의 지배 원리가 균형(balance)과
평등이라는 정경호의 이해도 중요하다.42) 사랑나눔의 상생윤리는
해원과 상생이 평등한 힘의 관계를 통해 형성된다. 상생윤리에 따라
살기 위해서는 "원한과 원망의 해결을 통한 균형과 평등의 회복이
필수적"이라는 것이 정경호의 생각이다.43)

---

41) 위의 책.
42) 위의 책, 242.
43) 위의 책, 200-201.

4. 소결론

상생윤리를 생각하면 김민기 가수의 통찰력 있는 가사 "작은 연못"이 떠오른다.

깊은산 오솔길 옆
자그마한 연못에
지금은 더러운 물만 고이고
아무것 더 살지 않지만
먼 옛날 이 연못엔
예쁜 붕어 두 마리 살고 있다고
전해지지요
깊은산 작은 연못
어느 맑은 여름날
연못 속의 붕어 두 마리
서로 싸워
한 마리는 물위에 떠오르고
여린 살이 썩어들어가
물도 따라 썩어들어가
연못속에는 아무것도 살수 없게 되었죠
깊은산 오솔길 옆
자그마한 연못에

　　지금은 더러운 물만 고이고
　　아무것도 살지 않죠

　　이 시는 상생의 윤리를 설명한다. 원망과 다툼은 서로 상생할 수
없다. 상생의 윤리는 서로의 성공을 돕고, 서로 협력하며, 자연과 조
화롭고 신과 평화롭게 모두 포용하며 서로 사랑하며 더불어 사는 것
이다. 상생이 번성할 수 있도록 상극인 원한을 없애는 것이다.

4부

통일신학의 평화와 일치

통일신학의 평화와 일치[1)]

1. 통일신학의 정의

민중신학이 1970년대 민주화 운동의 맥락에서 생겨났다면, 통일신학은 1980년대 통일 운동의 상황에서 생겨났다. 통일신학은 구조적 악으로 간주하는 한국의 분단을 극복해야 한다고 말한다. 통일신학은 평화의 복음의 빛에서 통일의 내용을 검토한다. 정의로운 평화를 건설하는 데 초점이 있다. 통일신학은 사랑을 기반한 정의의 공동체를 세워가면서 그 열매인 평화와 상호 존중하는 마음의 일치를 이루어가는 과정을 중요시 한다. 이것이 바로 통일신학의 목표이다. 통일신학이 말하는 샬롬공동체의 개념을 살펴보면서 그 과정에서 드러나는 평화와 일치의 중요한 요소들을 알아본다.

---

1) Park Sam-Kyung, "Korean Reunification and Tongil Theology," *Madang.* Vol. 22. (December, 2014), 67-90. 일부 내용을 번역하여 인용.

2. 통일신학의 주요 요소: 평화와 일치

통일신학에 있어서 한국의 민족 분단은 하나님의 평화를 역사 속에 세우는 데 방해가 되는 구조적 현실이다. 통일신학의 목표는 하나의 평화공동체를 가능하게 하는 '정의로운 평화'이다. 통일신학에서 말하는 평화는 그 자체가 목적이 아니라 남북한의 일치를 이루면서 하나의 공동체를 재건하는 과정의 결과이다. 그러기 위해서는 불신과 적대감을 극복해야 한다. 한편의 일방적인 승리는 하나의 평화공동체라는 목표를 달성할 수 없다. 따라서 통일신학의 목표는 정의의 열매인 평화와 일치이다(이사야 32:17).

1) 박순경

최초의 여성 통일신학자인 박순경은 광주 민주화 운동이 통일신학의 성립과 발전에 어떻게 기여했는지 일러준다.[2] 1980년 5월 18일, 광주에서 계엄령에 반대하는 학생과 시민들의 시위를 진압하기 위해 당시 군부실세였던 전두환은 잔인한 전투 훈련을 받은 공수부대를 투입해 시위대를 진압했다. 광주 학살 이후 군부정권은 유화 정책을 시도하여 학생과 비판적 지식인들에게 통일문제에 대해 더 자유롭게 토론할 수 있도록 허용했다. 이는 평화를 위한 진정한 시도가 아닌 교묘한 전략이었지만, 일부 사람들은 이를 한국 사회에서 불법

---

2) Park Soon-kyung, "Theological Significance of Korean's Unification-Liberation," 「Minjok-Tongsin」 (Feb, 2004), 2.

으로 간주되던 통일 운동을 진전시킬 수 있는 기회로 여겼다. 광주 학살을 계기로 학생들과 진보적 지식인들이 모여 광주민주화운동을 결성하고 통일 운동에 적극적으로 참여하기 시작했다. 이러한 상황에서 통일신학은 항상 민중운동과 관련지어 정교화되기 시작했다.

박순경은 광주민주화운동을 기점으로 통일신학이 민중의 절규에서 시작되었고, 민족 분단으로 인해 무거운 짐을 지고 있는 민중 때문에 계속되고 있다고 전제한다.[3] 그녀에게 통일신학은 민중 고통의 원인인 민족 분단의 죄를 고백하는 데서 출발한다. 통일신학은 평화로운 공동체, 민주적이고 정의로운 샬롬의 공동체를 이루는 것을 목표로 한다. 평등, 평화, 자유, 그리고 일치가 민족 통일의 진정한 길이라는 것이 그녀의 생각이다. 기독교가 분단으로 억압받는 사람들의 해방에 관여하지 않는다면 기독교는 예수 그리스도를 통한 신적 구원의 의미를 상실한 것이라고 한다.[4]

박순경은 통일을 다른 이념과 생각을 가진 사람들이 함께 어울려 살면서 서로 일치를 이루면서 하나님 나라를 만들어가는 과정으로 보고 있다. 그녀는 질문한다. 어떻게 우리가 종말론적 부활 신앙을 유지하고 종말론적으로 다가오는 하나님 나라를 선포하면서, 세계 자본의 권력으로부터 소외되고 가난한 민중을 해방시키는 일에 실질적으로 참여하지 않고 어떻게 종말론적 부활 신앙을 유지할 수 있을까? 자본주의 세계의 일부가 된 기독교는 이미 예수 그리스도를 통

---

3) 박순경, 「통일신학의 고통과 승리」 (서울: 한울, 1992), 288.
4) 위의 책.

한 신적 구원의 의미를 상실했고, 하나님 나라의 실제적 도래를 선포할 수 없게 만들었다고 그녀는 지적한다.[5]

박순경의 견해에 따르면, 세계 질서의 변혁은 하나님 나라의 도래를 선포하기 위한 준비 과정이다. 하나님 나라는 사회를 변혁하는 역동적인 힘이다.[6] 즉 하나님 나라는 이 땅에 세워질 것이다. 세상에 정의와 평화를 세우기 위해 노력하지 않고 죽은 후에 하나님 나라에 갈 것이라고 생각하는 것은 성경적이지 않다. 하나님의 나라는 정의, 평화, 사랑이 이 땅에 실현될 때 비로소 현실이 된다.

박순경에게 성령은 사회를 변화시키는 역사 속의 하나님이다.[7] 성령은 새로운 교회, 새로운 나라, 새로운 세상을 탄생시킨다. 그래서 박순경은 성령을 "어머니"라고 부른다. 어머니로서 성령은 생명의 근원이자 역사와 세상을 변화시키는 영이다. 박순경에 따르면 통일운동은 남북한을 변화시키려는 성령의 역사다. 평화와 자유, 그리고 일치의 성령께서 남북한을 하나로 묶어 정치적 자유와 경제적 평등 그리고 사회적 정의와 평화가 넘치는 통일의 새로운 대한민국으로 만들어 주실 것이다.[8] 박순경은 성경의 희년에 비추어 한국의 통일을 바라본다. 레위기 25장에 나오는 희년은 50년마다 돌아오는 해로, 토지를 원래 주인에게 돌려주고 노예와 종을 해방하는 해이다.

---

5) Park Soon-kyung, "Theological Significance of Korean's Unification-Liberation," 5.
6) 박순경, 「통일신학의 미래」 (서울: 사계절, 1997), 151.
7) 위의 책, 155.
8) 위의 책, 109.

그 목적은 하나님의 공의에 기초한 공동체의 평등을 회복하는 것이었다. 박순경에게 통일은 성서의 희년처럼 민족의 해방과 평등, 그리고 민주적 사회를 이루는 것이다.9)

제 3의 길(The Third Way)로 생각하는 통일을 이루기 위해 박순경은 민(民)과 족(族)의 합성어인 민족이라는 개념을 다룬다. 통일신학에서 민족은 분단으로 인해 억압받는 남북한 모든 사람들, 즉 억눌린 민중을 가리킨다. 박순경은 "통일의 주체로서의 민중은 곧 민족 해방의 주체"라고 말한다.10) 통일을 이루어가는 과정에서 민중이 중심이 되어야 한다.

박순경은 통일운동과 관련하여 한국교회 안에 존재하는 남성 중심주의에 관해서도 비판한다. 통일을 위한 예언자적 사명을 감당하기 위해서는 한국 여성들이 각성해야 한다는 것이 그녀의 생각이다. 통일에 대한 여성의 참여는 통일운동의 진정한 민주적 정신을 시험하는 일이기 때문이다. 한국교회의 가부장제가 바뀌어야 한다고 그녀가 주장하는 이유도 여기에 있다. 박순경에 따르면 여성과 남성의 평등은 사회적, 경제적, 국가적 평등과 연결된다. 이 모든 영역에서 평등을 위해 노력하는 것이 하나님 나라를 위해 투쟁하는 여성들의 역사적 사명이다.11) 여성 평등을 위한 투쟁을 평화 통일 과정의 일부로 이해한다. 여성과 남성의 평등은 하나님 나라

---

9) 위의 책.
10) 위의 책, 47.
11) 위의 책, 248-249.

의 핵심 요소이다.12)

2) 문익환

문익환 목사(1918-1994)는 한국통일 운동에 매우 적극적으로 참여했다. 그는 한민족을 하나의 민족, 하나의 몸으로 보았다. 문 목사에게 있어 한민족의 통일은 이념과 체제의 차이를 초월하는 한민족의 일치가 일차적인 목표였다.13) 그의 일치에 대한 이해는 예레미야 8장 11절에 나오는 샬롬의 개념에 기초했다. "그들은 내 백성의 상처를 아무렇지도 않은 듯이 덮는다. 그들은 평화가 없는데도 '평화, 평화'라고 말한다." 문목사는 샬롬을 몸과 마음이 건강한 개인적 건강과 하나의 민족으로 일치된 사회적 건강을 누리며 경제적으로도 풍요로운 상태의 생활을 하며 종교적으로는 건전한 삶을 누리는 것으로 이해했다.14) 이 진정한 샬롬은 유토피아가 아니라 하늘에서 내려오는 것이며, 정의와 평화가 넘치는 삶을 위해 투쟁하는 사람들에 의해 세워질 것이다. 하나님의 샬롬은 인간의 손에 의해 이루어질 것이다. 그렇기 때문에 문목사는 기독교가 개인의 구원보다는 평화와 정의의 나라, 하나님 나라에 초점을 맞춰야 한다고 생각했다.15) 문목사는 샬롬 공동체를 이루기 위해서는 반드시 평화스럽게 통일이

---

12) 위의 책, 246.
13) 문익환, 「통일은 어떻게 가능한가」 (서울: 학민사, 1984), 39, 42.
14) 문익환, "메시야 왕국을 향하여," 「한국의 정치신학」 (서울: 기독교사상, 1987), 369.
15) 위의 책, 373.

되어야 한다고 생각했다.

문익환은 초대 교회 공동체는 평등과 자유가 존재하는 샬롬 공동체였다고 주장했다.16) 그는 남북한 통일을 통해 샬롬 공동체가 세워질 것이라고 말했다. 그 결과 정의와 평화, 그리고 민주주의가 꽃피고 인간의 존엄성과 평등이 증진되는 하나의 대한민국이 될 것이다. 민주적이고 정의의 샬롬 공동체는 국민을 사랑하고 포용할 것이며, 이는 궁극적인 평화를 가져오는 데 기여할 것이다. 문목사에게 통일의 목표는 바로 이러한 샬롬 공동체를 이루는 것이었다. 이 목표를 달성하기 위해서는 남한은 물론이고 북한 주민 모두가 하나됨을 추구하지 못하게 하는 분열적이고 적대적인 흑백논리를 극복해야 한다고 문 목사는 주장했다.17) 그에게 통일신학은 몸과 마음의 이원론을 극복하는 한몸에서 출발한다. 우리는 한 몸이다.

문익환은 우리 국토를 우리 몸으로 상징화 하면서 지리적 통일에 대해 이야기했다.18) 땅을 사랑하지 않고는 몸을 사랑할 수 없다. 우리 몸을 사랑한다면 우리 땅을 사랑해야 한다. 땅은 우리의 몸이고, 조상의 몸이고, 후손의 몸이다. 그러므로 우리 땅이 분단되어 있는한, 우리 몸도 분단되어 있다. 이것은 평화를 요구하는 비극이다. 이비극을 극복하기 위해서는 모든 차이를 포용할 수 있는 넓은 마음, 넓은 의지가 필요하다.19)

---

16) 문익환, 「통일은 어떻게 가능한가」 96.
17) 문익환, "우리의 염원," 「통일과 민족교회의 신학」 (서울: 한울, 1990), 15.
18) 문익환, 「통일을 어떻게 가능한가」 41.

문익환에게 민중은 중요했다. 그에게 하나님은 분단된 민중의 하나님으로, 그 민중의 하나님은 민족 분단의 희생자들 편에 서 계신다. 이스라엘 백성을 이집트에서 해방시킨 출애굽의 하나님을 기독교인들은 믿고 따른다. 문목사에게 평화통일은 외부의 간섭 없이 민중의 노력으로 이루어져야 하며, 민중이 통일 한국을 만드는 주체가 되어야 한다.[20] 분단은 고통일 뿐이다. 한국이 분단된 채로 있는 한 민중은 어떤 식으로든 억압과 착취를 당할 수밖에 없다.[21] 따라서 문목사에게 통일을 위해 일하는 것은 민중의 해방과 민주주의, 그리고 평화를 위해 일하는 길이다.

3) 노정선

통일신학자 노정선은 강대국들이 자국의 이익을 위해 한국을 이용해 왔다고 주장한다.[22] 그의 견해에 따르면 한국의 분단은 우연한 일이 아니라 미국과 러시아 간의 냉전의 부산물이다. 미국과 러시아에 대한 의존을 극복하기 위해서는 남북한 모두 한반도 통일을 이룰 수 있는 방법을 찾아야 한다. 특히 노정선은 남북한이 통일을 이룸으로써 진정한 탈식민지화와 강대국의 지배로부터의 해방을 이룰 수 있다고 강조한다.

---

19) 위의 책, 42.
20) 위의 책, 37-38.
21) 위의 책, 21.
22) Noh Jons-Sun, 「The Third War」 (Seoul: Yonsei University Press, 2000), 96.

　　노정선은 통일을 가로막는 가장 큰 요인은 분단 현실의 산물인 분단 지향적인 국민들의 사고방식이라고 보고 있다. 따라서 통일을 이루기 위해서는 남북한을 하나의 공동체로 인식할 수 있도록 국민들의 사고방식을 바꾸기 위해 노력해야 한다. 분단 논리는 한국 사회 각계각층에 만연해 있다. 특히 남한의 기독교인 대부분은 분단 신앙, 분단 이데올로기, 그리고 분단 신학을 가지고 있다고 그는 지적한다.[23]

　　노정선은 북한과 남한은 적이 아니라 하나의 민족 공동체라고 강조한다.[24] 남북한 주민은 이념과 체제의 차이를 넘어 서로 연결된 형제자매라는 것이다. 남북한이 적이 아니라 혈연으로 맺어진 민족임을 강조하는 신학적 통찰을 제시한다. 성경 속 이스라엘처럼, 남북한은 수천 년 동안 하나의 왕국이었다. 남북한 모두 잔인했던 일본의 식민 통치의 피해자였다. 남북한은 강대국들의 분할 통치 전략과 마르크스주의와 자본주의라는 이질적인 정치-경제 이데올로기의 희생양이 되었다. 한국전쟁과 저강도 전략으로 인해 남북한은 고통과 슬픔을 겪었다. 남북한은 서로를 악마화하고 막말을 주고받으며 서로의 존엄성을 잃어왔다. 남북한은 세계 정치 패권 전쟁의 피해자임에도 서로를 적으로 만들었다. 그러나 남북한은 같은 핏줄을 나눈 동족이며, 같은 역사, 같은 자연, 같은 언어를 공유하고 있다.[25]

---

23) 노정선, 「통일신학을 향하여」 (서울: 연세대학교출판부, 1990), 59.
24) Noh Jons-Sun, "Division and Reunification of Korea," 「The Third War」 (Seoul: Yonsei University Press, 2000), 98, 107.

노정선은 에스겔 37장 15~26절이 평화통일을 선호하는 하나님을 보여준다고 주장한다. 이 구절에서 이스라엘의 분단은 하나님의 뜻에 어긋나는 것으로 제시된다.[26] 하나님은 분열된 남유다와 북이스라엘이 통일하기를 원한다: "내가 그들을 이스라엘 산지에 있는 땅에서 한 나라로 만들 것이다. 그들 모두를 다스리는 한 왕이 있을 것이며, 그들은 다시는 두 나라가 되거나 두 왕국으로 나뉘지지 않을 것이다."

노정선에 따르면 처음에 통일을 누렸던 하나님은 결국 최초의 인간과 분열을 경험하였다. 이 분열은 죄를 가져왔다.[27] 그는 우리가 이러한 분열을 회개하고 통일을 위해 노력할 때 비로소 구원의 과정으로 들어갈 수 있다고 주장한다. 그는 하나님께서 이스라엘을 애굽과 바빌로니아의 종살이에서 해방시켜 주신 것처럼 한국의 통일도 하나님께서 이루어 주실 것이라고 말한다.[28] 하나님 나라 평화공동체는 정의에 기반을 두어야 한다. 모두가 서로의 차이를 존중하고, 서로 연대하며, 서로가 한 공동체라는 일치감을 바탕으로 관계를 맺을 때 하나님 나라의 평화윤리는 실현될 것이다.

---

25) 위의 책, 60-61.
26) 노정선, 「통일 신학을 향하여」 57.
27) 위의 책, 56.
28) 위의 책, 61.

3. 통일신학의 윤리적 요소들

통일신학은 남북한 통일을 단순히 현재의 분단을 극복하는 것만이 아니라 평화, 정의, 자유, 화해, 그리고 평등의 내재화된 통일에 초점을 맞추고 있다. 통일신학의 목표는 상호 존중과 타자에 대한 섬김을 특성으로 삼아 핵심적인 친교의 일치를 만드는 것이다. 통일신학은 모든 사람들이 평화롭고 정의롭게 하나의 공동체 안에서 살아갈 수 있는 새로운 사회를 건설하는 것이다.

1) 박순경

박순경의 작품에서 분단의 억압을 직접적으로 겪는 사람들의 경험에 귀를 기울이려는 의도적인 노력이 드러난다. 이러한 경청은 진정한 상호성을 추구하는데, 박순경이 생각하는 통일은 공동선을 향해 나아갈 수 있는 상호 친교의 일치를 구현하는 것이기 때문이다. 따라서 통일은 다양성을 소중히 여기고 한민족이라는 일치감과 더불어 함께 상호성을 촉진함으로써 모든 사람의 도덕적 주체성을 존중하는 과정이어야 한다. 따라서 박순경은 남북한의 기독교인과 마르크스주의자 간의 대화를 제안했다.[29] 그녀는 기독교가 자본주의를 옹호하는 이데올로기의 기능을 한다고 본다. 그녀는 한국의 기독교인들이 현상 유지를 위해 반공주의를 지지한다고 믿었다. 따라서 기

---

29) 박순경, "통일신학: 조국통일과 하나님나라," 「기독교와 주체사상: 조국통일을 위한 남북 해외 기독교인과 주체사상가의 대화」 (서울: 믿음과지성사, 1993), 132.

독교인들은 분단 극복을 위해 북한의 마르크스주의자들과 대화해야한다.30)

1991년 3월 28일부터 30일까지 미국 뉴욕 스토니 포인트에서 마르크스주의자들과 기독교인들 간의 대화가 열렸다.31) 이 대화는 각자의 입장에 대한 편견과 오해, 잘못된 해석을 상당 부분 해소하는 데 성공했다. 이 대화는 인간의 존엄성, 평등, 자유, 화해, 평화를 증진하는 것을 목표로 삼았다. 기독교인들은 마르크스주의와 사회주의를 진지하게 고려하게 되었다. 기독교와 사회주의에 공통된 가치를 옹호하는 것이 기독교인의 책임이라는 것을 받아들였다. 이때 박순경은 북한의 주체사상가의 강연을 듣고 주체사상을 신학과 기독교 사회윤리 연구에 접목하기로 결심한다.32)

4개월 후인 1991년 7월 9일부터 12일까지 일본 도쿄에서 또 다른 대화가 열렸다. 박순경은 "기독교와 민족 통일의 전망"이라는 제목으로 발표를 했다. 그녀는 기독교가 북한의 지도 이념인 주체사상과 심도있는 대화를 해야 한다고 말했다.33) 그녀의 메시지에는 모든 한국인들이 서로를 존중해야 한다는 요청이 내포되어 있었다. 그녀는 남북한 모든 주민들을 존중하고 배려하는 통일 과정을 요구했다. 이를 통해 오랫동안 내재된 서로에 대한 불신과 의심, 증오, 심지어

---

30) 위의 책.
31) 위의 책, 24-25.
32) 박순경, 「통일신학의 고통과 승리」112.
33) 위의 책, 118, 226-229.

두려움까지 극복하고 상호 이해와 존중의 여지를 만들 수 있는 환경
과 분위기가 조성되기를 바랐다. 그녀는 남한이 주체사상의 주요한
정신을 받아드릴 것을 제안했다.34) 남한과 북한은 사회주의와 자본
주의의 장점을 결합할 수 있는 길을 찾아야 한다. 한국의 많은 사람
들이 평화롭게 통일된 사회를 소망한다. 남북한 모두 정의와 사랑을
위한 공동체적 연대의 미래를 구상하면서, 자립과 단결의 정신을 발
휘하면서 평화 통일이 되면 강하고 부유하게 번영할 수 있다는 것을
알고 있다. 도쿄에서의 연설로 인해 귀국 후 박순경은 한국 정부에
의해 투옥되었다.

　박순경에게 민족은 자본주의와 사회주의를 잇는 다리를 놓는 데
필요한 '콘-내추럴리티(Con-naturality)'를 제공한다.35) 민족은 협력
과 공존을 의미하기 때문에 남북한 사람들 모두를 한민족으로 인정
하는 것이 가장 중요하다고 생각한다. 특히 민족이라는 것은 남북한
주민이 통일을 이루기 위해 외국의 간섭이 필요하지 않다는 것을 의
미한다는 점에 주목한다.36) 남북한 주민은 같은 민족이기 때문에 이
념이 달라도 함께 살아갈 수 있다는 것이다. 박순경에게 민족은 사회
주의와 자본주의가 함께 진정한 평등주의 사회로 이어질 수 있는 제
3의 길이다. 그녀는 이 제3의 길을 만들어내는 것은 남북한의 창의
적인 지혜에 달려 있다고 생각한다.37)

---

34) 위의 책.
35) 박순경, 「통일신학의 미래」 295.
36) 위의 책, 331.

2) 문익환

감옥에 투옥된 문익환이 박순경과 주고받은 편지에서 문익환은 이스라엘이 서로 다른 부족을 넘어 하나님과의 언약에 기초한 새로운 공동체, 하나의 민족이 된 것처럼, 통일신학은 같은 민족이 분열된 것을 넘어야 한다고 말한다.[38] 통일은 대한민국이 하나라는 숫자 그 이상의 의미를 지니고 있으며, 하나의 큰 포용적 공동체를 향해 나아가야 한다는 사실을 지적한다.

문익환에게 통일은 자유와 해방을 위해 두 이념과 두 체제를 통합하는 과정에 참여하는 것을 의미한다.[39] 문익환에게 자유와 평등은 분리된 것이 아니라 동전의 양면과도 같다. 그의 성경 해석에 따르면 정의는 평등과 함께 자유에 관한 것이다. 정의는 또한 다른 사람을 사랑하는 실천을 의미한다.[40] 따라서 문익환에게 '하나 된 대한민국'을 만드는 일은 자유와 평등을 조화시키는 사랑의 실천이다.

문익환에게 평화란 무엇인가? 히브리어로 샬롬인 평화는 사회적, 공동체적, 언약적 방식으로 심오하고 구체화된 성취감, 행복, 안녕, 우정을 의미한다. 평화는 생명을 사랑하는 것이다. 평화는 사실 사랑의 표현이다. 평화는 생명을 죽이는 전쟁을 멈추게 한다.[41] 또한 그

---

37) 위의 책, 142.
38) 문익환, 「목에는 강산 가슴에 곱게 수놓으며: 늦봄 문익환목사의 옥중서신」 (서울: 사계절 1994), 247.
39) 위의 책, 248.
40) 위의 책, 249.
41) 위의 책, 251.

는 가난을 평화의 적으로 보았는데, 가난은 사람들을 자유 충만한 삶에서 멀어지게 하기 때문이다. 통일신학은 평화신학이기 때문에 한국 민족이 직면한 경제적 문제를 고려해야 한다. 정치적 자유는 경제적 자유 없이는 불가능하다. 그렇기 때문에 가난으로 고통받는 남북한 주민들을 돕는 일은 매우 중요하다. 인간의 생명을 무시하는 것은 궁극적으로 비인도적이고, 도덕적으로 잘못된 것이다. 그에게 있어 공동선은 인간의 존엄성을 높이고 남북한 주민들 간의 관계를 돈독히 하는 사랑에 기반한 평화이다.

문익환은 박순경과 마찬가지로 민중의 해방을 바탕으로 남북 간 대화를 위한 노력을 장려하기 위해 민족의 개념을 사용했다. 대화를 촉진하기 위해 문익환은 1989년 체포될 위험에도 불구하고 북한을 방문해 당시 북한 지도자였던 김일성을 만났다. 문 목사와 김 위원장은 어느 한쪽이 다른 한쪽을 정복하는 것이 아니라 공존을 목표로 나아가야 통일을 이룰 수 있다는 데 동의했다. 상대방에 대한 편견과 고정된 부정적 관념을 극복하고 이해와 공감을 경험하기 위해서는 얼굴을 맞대고 만나야 한다. 서로 만나면 지난 반세기 동안의 이념적 차이보다 더 오래되고 깊은 역사적, 문화적, 민족적 공통의 뿌리를 가지고 있다는 사실에 도움을 받을 수 있다. 개인적인 만남과 대화는 자신을 상대방에게 소개하고 상대방을 환영하는 것 그 이상이다. 이는 양측이 불신과 증오를 극복하고 이념적 차이를 넘어서는 방법을 찾는 데 도움이 될 것이다.

3) 노정선

노정선은 남북한 주민들이 각 정부 체제의 차이를 넘어 하나의 민족 공동체의 가족애로 인식할 수 있도록 현재의 사고방식을 바꿔야 한다고 주장한다. 남북한은 적이 아니라 혈연으로 맺어진 한가족이다. 노정선은 분단으로 인해 여전히 고통받고 있는 이산가족에 대해서도 힘주어 이야기한다.42) 이산가족의 눈물을 닦아주지 않고서는 진정한 평화를 이룰 수 없다. 분단의 피해자로서 70년 이상 고통을 겪어온 이산가족들은 상봉의 조속한 실현을 외치고 있다. 통일을 향한 시작은 남북한 주민들의 친척이 어디에 있든지 자유롭게 방문할 수 있게 해주는 것이다. 이러한 자유로운 방문은 남북한 사람들 사이에 친밀감과 이해를 증진시키고, 하나의 민족적 정체성과 가족애를 공유하는 사람들의 단합을 회복하는 데 기여할 것이다. 통일의 과제는 남북한 주민간의 신뢰를 회복하는 것이며, 이는 이산가족 방문부터 시작하는 것이 자연스러워 보인다. 그리고 난 후 학자 교류, 경제 개발 분야 협력, 비무장지대의 군사적 긴장 완화 등이 이어질 수 있다.

노정선은 남북한 주민들이 자본주의와 공산주의를 우상처럼 섬기고 있다는 사실을 모른다고 주장한다.43) 남북한 주민들은 이데올로기를 숭배하는 죄를 회개해야 한다. 그런 우상숭배를 버리는 것이 통

---

42) 노정선, 「통일신학을 향하여」 25.
43) 위의 책, 58.

일을 앞당기는 길이다. 또한 서구 신학이 한국 교회에 영향을 미쳐 자본주의를 비판하기보다는 내면화하도록 부추겼다고 그는 말한다.44) 서구 신학과 한국 교회는 분단된 한국을 하나님의 뜻인 것처럼 유지하는데 기여해 왔다는 것이다. 노정선은 분단이야말로 인간의 존엄성을 파괴하는 원인이 되기에 통일을 핵심 요소로 하지 않는 한국 신학은 우상숭배라고 주장한다.45) 신학은 그 자체가 인간 존엄성이라는 보편적 가치 그리고 연대가 평화에 본질적이라는 점을 항상 고려해야 한다. 연대는 어느 한 쪽이 다른 한 쪽을 이기는 것을 목표로 삼지 않는다. 평화는 하나님의 형상대로 창조된 사람으로서 상호친교 관계를 맺는 결과이다.

평화 통일의 목표 중 하나는 모든 사람의 가치와 존엄성을 증진하는 것이다. 그렇기 때문에 우리는 서로를 동등한 가치를 지닌 존재, 동등하게 창조된 존재, 하나님의 자녀로서 동등하게 사랑받는 존재로 바라봐야 한다. 필연적으로 다가올 통일을 준비하는 것은 그리스도인의 과제이며 의무이다. 남북한 주민들이 평화롭고 조화롭게 사랑하며 살아갈 수 있도록 적절하고 필요한 하나님 나라 윤리의 토대를 마련하는 것이 시급하다.

---

44) 위의 책, 58-60.
45) 위의 책, 61.

4. 소결론

　세 명의 통일신학자들은 모두 국민을 하나로 보고, 분단 민족의 아픔을 더 이상 겪지 않기 위해서 대화의 소통과정을 가져야 한다고 본다. 대화해야만 서로에 대한 의심과 불신을 극복할 수 있는 상호신뢰가 형성될 수 있다. 대화의 소통이 가능할 때 비로소 하나님 나라 윤리의 프락시스가 시작될 수 있다. 민중, 상생, 통일, 이 세 가지 신학에서 하나님 나라 윤리의 핵심 가치인 자유와 해방, 사랑과 화해 그리고 평화와 일치를 성찰하였다. 하나님의 다스림 안에서 우리 모두 한 공동체, 한 가족이 되겠다는 비전은 정의에 기반을 두어야 한다. 정의를 기본으로 사랑과 자유 그리고 평화의 가치를 구현하는 하나님 나라의 윤리를 분단된 한반도에서 바라본다.

나가는 말

하나님 나라의 윤리를 향하여

1. 민중신학

민중신학은 1970년대 군사 독재 정권의 불의에 맞선 민중들의 해방과 자유를 위한 투쟁에서 탄생했다. 민중신학의 해방과 자유는 온전한 인간성을 바라본다. 민중신학뿐만 아니라 민주화의 투쟁에서 나온 자유와 해방의 함축적인 의미에는 민중이 국가의 우선순위를 결정하는 데 참여하는 민주주의에 관한 깊은 정치적 감각이 포함되어 있다. 작금의 현실은 모든 이들의 복지에 기여할 수 있는 종합적인 경제 계획을 필요로 한다. 민중신학이 말하는 자유와 해방의 의미가 온전한 인간성을 추구한다면, 이 경제적 복지 요청에도 함께 맥을 같이 하는 것이 어떨까? 민중신학은 민중이 정부 각 분야의 문제에 참여함으로써 모든 사람들의 복지와 안녕에 관한 것을 보다 더 효과적으로 잘 풀어갈 수 있다고 본다. 또한 민중신학은 민중 억압과 착취, 여성의 소외와 폭력, 그 밖의 모든 형태의 불의를 고발하고 이를 변화시키기 위한 사회정의 투쟁과도 관련이 있다.

2. 상생신학

상생 신학은 19세기 민중들의 좌절된 혁명에서 비롯되었다. 상생신학의 주요 초점은 원한과 한으로 인해 살인으로 이어질 수 있는 상극의 문화를 극복하는 것이다. 상생신학은 갈등을 해결하고, 깨어진 관계를 치유하고, 죽음을 부르는 원한을 없앨 수 있는 가능성을 긍정한다. 해원을 통해서만 용서와 화해가 현실이 될 수 있다. 해원 상생을 통해 상극, 즉 사회경제적 모순과 원과 한을 낳고 부추겨온 정신적, 이념적 갈등을 극복하고 사랑으로 승리할 수 있다. 우리 한반도의 분단된 현실은 그동안 화해와 평화를 위한 노력에 많은 시도가 있었지만 아직 달성하지 못한 과제가 있다. 의심과 편견, 증오가 아직 우리들의 마음에서 사라지지 않고 있다. 의심과 편견 그리고 불신과 미움은 해원의 핵심사항들이다. 하나님 나라 윤리는 이념이 아니라 해원에서 상생으로 나아가는 사랑과 화해의 삶의 방식에 관한 것이다.

3. 통일신학

통일신학은 하나의 통일 한국, 하나의 민족 공동체, 하나의 평화와 일치를 이루는 한민족을 만드는 데 초점을 맞추고 있다. 또한 통일신학은 다양성을 존중하기 때문에 매우 역동적인 신학이다. 민족은 동질성만을 의미하지 않는다. 다양성과 결합하여 일치를 이루는 조화가 필요하다. 통일신학은 차이, 즉 음양과 같은 다름에 열려 있고 서로 다른 존재가 함께 살아갈 수 있는 평화의 실천에 초점을 맞추고 있다. 평화를 만들기 위해서는 인내심, 신뢰 구축, 새로운 접근 방식이 필요하다. 평화와 일치를 이루기 위해서는 신앙 공동체 전체의 지혜를 함께 공유해야 한다. 통일신학의 평화와 일치의 의미는 분열과 갈등의 상황에서 화해와 치유 공동체로서의 교회가 어떻게 존재해야 하는지에 관한 통 인식을 넓히는 데 도움이 될 수 있다.

민중신학, 상생신학, 그리고 통일신학의 하나님 나라 윤리는 이 땅의 교회가 온전히 하나님 나라 윤리 담론에 참여하여 대화나눔으로써 신학적-윤리적 프락시스(Praxis)를 더욱 풍부하게 해줄 수 있다. 민중신학에서 말하는 자유와 해방, 상생신학의 사랑과 화해, 그리고 통일신학에서 말하는 평화와 일치의 가치들이 21세기 한국 사회가 직면한 통일과제를 잘 풀어나갈 하나님 나라 윤리의 중요한 요소들이다. 한국교회가 하나님 나라의 윤리들을 잘 구축하여 곧 다가올 조국의 통일을 이루어내는 하나님 나라의 전초기지 역할하기를 바라본다. 한국교회는 공동체적 삶에 기초한 복음적 정의를 지향해야 한다. 하나님 나라의 윤리는 이념이 아니라 하나님 나라로 나아가는 삶의 방식에 관한 것이다. 또한 한국 교회가 우리 사회의 정의가 요구되는 각 현장에서 매우 적절한 구체적인 하나님 나라 윤리 담론의 해석학을 제공할 수 있기를 진정 원해본다. 하나님 나라의 기억 의지가 닿는 곳에 영생(하나님의 나라)의 길이 있다.

참고문헌

강병오, 『기독교 윤리학』 서울: 한들출판사. 2022.

유경동외, 『기독교윤리학 사전』 서울: 킹덤북스, 2021.

서울신학대학교 신학과 편, 『신학고전 20선』 부천: 서울신학대학교 출판부. 2016.

서울신학대학교 평화통일연구원 공저, 『통일시대로 가는 평화의 길』 서울: 열린서원. 2015.

글렌 스타센 & 데이비드 거쉬. 신광은 박종금 옮김, 『하나님의 통치와 예수따름의 윤리』 대전: 도서출판 대장간. 2011.

김용복, 『한국민중의 사회전기』 서울: 한길사, 1987.

노정선, 『통일신학을 향하여』 서울: 한울, 1988.

박종천, 『상생의 신학』 서울: 한국신학연구소, 1991.

박순경, 『통일신학의 미래』 서울: 사계절, 1997.

박순경, 『통일신학의 여정』 서울: 한울, 1992.

박순경, 『통일 신학의 고통과 승리』 서울: 한울, 1992.

서남동, 『민중신학의 탐구』 서울: 한길사, 1983.

안병무, 『갈릴래아의 예수』 서울: 한국신학연구소, 1990.

안병무, 『민중과 한국신학』 서울: 한국신학연구소, 1995.

안석모, "실천신학 방법으로서의 상생모델." 『상생신학: 한국신학의 새패러다임』 세계신학연구원 편. 서울: 조명문화사, 1992.

왕대일, "구약신학의 새 지평과 상생의 실천." 『상생신학: 한국신학의 새패러다임』 세계신학연구원 편. 서울: 조명문화사, 1992.

증산도 연구소 편, 『증산도 도전』 서울: 대원 출판사, 1993.

세종출판사 편, 『알기쉬운 증산도 도전』 서울: 대원 출판사, 2000.

서광선, 『한국 기독교 정치신학의 전개』 서울: 이화출판사, 1996.

홍정수, "한국인을 위한 상생의 영성" 『상생신학: 한국신학의 새 패러다임』 세계신학연구원 편. 서울: 조명문화사, 1992.

홍정수, "묻혀있는 예수" 『상생신학: 한국신학의 새패러다임』 세계
　　신학연구원 편. 서울: 조명문화사, 1992.

문익환, 『문익환 목사 전집』 서울: 사계절, 1999.

문익환, 『목메는 강산 가슴에 곱게 수놓으며: 늦봄 문익환목사의
　　옥중서신』 서울: 사계절, 1994.

채수일, 『희년 신학과 통일희년 운동』 서울: 한국신학연구소, 1995.

박삼경, "이데올로기를 넘어서 화해의 윤리 공동체를 향하여" 한국
　　기독교학회 편 『한국기독교신학교 신학논총』 91 (2014.1)

Lee, Hak-Joon. *Christian Ethics.* Grand Rapids: Wm Eerdmans
　　Publishing Comany. 2021.

Madang Joural editors. *Theology of Life & Peace in Korea.*
　　Seoul: Dong Yeon Press. 2013.

Madang Joural editors. *Justice & Minjung Theological Reflections
　　in the Age of Global Empire.* Seoul: Dong Yeon Press. 2013.

Madang Joural editors. *Interfaith Dialogues in the Context of
　　East Asia.* Seoul: Dong Yeon Press. 2013.

Park, Sam-Kyung. "Towards an Ethics of Korean Reunification"
　　Ph. D. diss. Drew University, 2009.

Stassen Glen H. & Gushee David P. *Kingdom Ethics.* Inter
　　Varsity Press. 2003.

Gutiérrez, Gustavo. *A Theology of Liberation*, Revised Edition.
　　Maryknoll, NY: Orbis Books, 1988.

Kim, Yong-Bok. *Messiah and Minjung.* Hong Kong: Christian
　　Conference of Asia, 1992.

Noh, Jong-Sun. *The Third War.* Seoul, Korea: Yonsei University
　　Press, 2000.

_____. *Liberating God for Minjung.* Seoul, Korea: Hanul, 1994.

_____. *God of Reunification: Toward a Theology of Reunification.*

Seoul, Korea: Yonsei University, 1990.

_____. *Religion and Just Revolution*. Seoul: Voice Press. 1987.

Park, Jong-Chun. *Crawl with God, Dance in the Spirit*. Nashville, TN: Abingdon Press, 1998.

Baum, Gregory. *Religion and Alienation*. Mahwah, NJ: Paulist Press, 1975.

Fabella, Virginia. ed., *Asia's Struggle for Full Humanity*. Maryknoll, NY: Orbis Books, 1980.

Lee, Jung-Young. *The Theology of Change*. Maryknoll, NY: Orbis Books, 1979.

Lee, Ki-baik. *A New History of Korea*. Translated by Edward W. Wagner with Edward J. Shultz. Cambridge, Massachusetts: Harvard University Press. 1984.

Park, Andrew Sung. *The Wounded Heart of God: The Asian Concept of Han and the Christian Doctrine of Sin*. Nashville, TN: Abingdon Press, 1993.

Pieris, Aloysius. *An Asian Theology of Liberation*. Maryknoll, NY: Orbis Books, 1992.

Segundo, Juan Luis. *Liberation of Theology*. Translated by John Drury. Maryknoll, NY: Orbis Books, 1976.

Suh, Changwon. *A Formulation of Minjung Theology: Toward a Socio-Historical Theology of Asia*. Seoul: Nathan Publishing, 1990

Young, Iris Marion. *Justice and the Politics of Difference*. Princeton, NJ: Princeton University Press, 1990.

Park, Jong-Chun. "Interliving Theology as a Wesleyan *Minjung* Theology." In *Methodist and Radical: Rejuvenating a Tradition*. Edited by Joerg Rieger and John

5부

하나님 나라의 윤리를 위한 단상

하나님 나라의 윤리를 위한 단상

I. 민중 개념에 관한 사회윤리학적인 분석

1. 민중과 푸에블로(Pueblo)의 비교

보니노(Jose Miguez Bonino)는 민중신학에서의 '민중'과 해방신학에서의 '푸에블로'가 단지 언어상의 차이만 있는 것이 아니라, 그 단어 자체가 갖는 각기 다른 사회적 역사성(Social Histories)을 지니고 있다고[1] 말하면서 두 단어의 차이점을 비교하고 있다. 즉 1960년대에 시작된 해방신학과 1970년대에 생겨난 민중신학은 세계자본주의 국가들을 등에 업은 군부독재정권 하에 시달리는 민중들의 해방을 위한 그리스도인들의 체험에서 생겨났지만, 각기 '역사의 주체'로서의 의미를 뜻하는 푸에블로나 민중은 이미 사회문화적으로

---

1) Jose Miguez Bonino, "Latin American Looks at Minjung Theology," Jung Young Lee, ed., *An Emerging Theology in World Perspective.* (Twenty-Third Publication, 1988), 158.

서로 각기 다른 경험을 바탕으로 생겨난 용어들이다.

해방신학에서는 푸에블로를 가난한 자 또는 억압당한 자와 동일한 것으로 보고있다. 특히 1960년대의 남미에 직면한 문제인 가난에 대한 경제분석의 도구로서 고전적인 마르크시즘의 계급분석을 수용하고 있다. 구띠에레즈(Gustavo Gutierrez)는 "종속이론적 분석이 전 세계적으로 전개되고 있는 계급투쟁의 맥락(context)에서 이행(framed)되고 있지 않으면 그것은 오히려 우리를 타락시키는 결과를 낳는다"2)고 말하면서 푸에블로를 하나의 계급으로 인식하고 있다.

반면에 민중이란 한국 전 역사를 통하여 고통당하는 사람들에 대한 종합적이고 상징적인 개념이다.3) 그런데 민중신학자들은 민중을 사회경제적 개념으로 보는 것이 사실임에도 틀림없는 반면 보다 더 포괄적으로 보아 문화적 초월적 개념으로 이해한다4)는 사실이다. 예를 들어 민중신학자인 현영학은 탈놀이를 통하여 민중은 이 세상에 대한 '비판적 초월'5)을 경험하며 또 탈놀이 안에서 이를 표현한

---

2) Gustavo Gutierrez, "Liberation Praxis and Christian Faith," Rosino Gibellini, ed., *Frontiers of Theology in Latin America.* (New York:Orbis, 1979), 17.

3) 고재식, "민중신학과 해방신학" 1980년대 『한국민중신학의 전개』 (한국신학연구소 1990), 13.

4) 1세대 민중신학자들은 민중을 포괄적이고도 어느 정도 초월적 성격으로 말하고 있으나 80년대 중반이후의 소위 제 2세대 민중신학자들에게 있어서 '민중'의 의미는 좀더 적극적인 의미 즉 계급성 등 과학성을 담보로 하는 정치사회경제적인 성격으로 본다.

5) '초월'이라는 말에 비판적이라는 형용사를 붙인 데는 두가지 이유가 있다. 초월이라고 하면 처음부터 이 세상과는 관계없는 것으로 생각한다. 그러나 탈놀이에서의 초월의 경험은 현실에 대한 참여와 비판적 경험을 그 근거로 하고 있다고 보이기 때문이다. (NCC 신학연구위원회, 『민중과 한국신학』, (한국신학연구서 1989), 360.

다고 한다. 또한 억눌려 살아온 민중들의 심층에 쌓이고 쌓인 감정을 꿈틀거리게 하는 원시적 힘을 지닌 한6)을 소재로 한 문학 작품들을 신학적으로 성찰하려는 데에서도 찾아 볼 수 있다.

해방신학의 푸에블로와 민중신학의 민중의 차이점을 간략하게 비교해 본다면 푸에블로는 고정되고 한정된 한 계급으로 이해하고 있기 때문에 상대적으로 배타적이고 구체적인 사회경제적 개념으로 파악되는 반면에 민중은 생성되어가는 총체적 실재로서 보다 포괄적이고 상징적인 문화적 개념이라 볼 수 있다.7) 이러한 차이점은 민중을 "역동적이며 변천하는 매우 복합적이고도 살아움직이는 실체로서 그 개념을 이론적으로 정의하지 않으려는 제 1세대 민중신학자들과 그 개념을 운동적인 차원에서 보다 더 학문적으로 발전시키려는 제 2세대간의 민중개념에서도 서로 현저하게 찾아 볼 수 있다.

2. 1세대 민중신학에 있어서 민중개념

제 1세대의 대표적인 민중신학자들로는 서남동, 안병무, 현영학 그리고 김용복 등을 들 수 있다. 서남동은 처음에는 문화적인 의미에서 민중을 이해했지만 점차로 정치, 사회-경제적인 측면에서 민중을

재인용)
6) 한에 대한 보다 더 이해를 위하여 위의 책, 335 참고.
7) 고재식, "민중신학과 해방신학," 한국신학연구소, 1980년대 『한국민중신학의 전개』 (한국신학연구소, 1990), 138.

보았고 안병무는 정치, 경제, 문화의 모든 종합적인 면에서 이해하였으며 현영학은 문화, 종교사적인 측면에서 민중에 대한 이해를 했다고 볼 수 있다. 대체로 이들은 1970년대의 한국의 암울한 시기 특히 군부세력의 폭압으로 인하여 고통당하는 사람들 편에서 정치적인 현실을 보게되는 경험들을 갖게 되었고, 또한 민중의 고난에 동참하면서 하나님 앞에 정직하게 서려는 노력에 대한 신학적 반성을 하게 되었다.

1970년, 21살의 청년 전태일군의 분신자살은 학생운동과 노동자운동에 도화선의 역할을 하였고, 신학하는 사람들에게 커다란 충격을 일으켰다. 일부 신학자들이 책상에서 민중운동의 현장으로 그 자리를 옮기려고 했고 민중이 일으킨 사건을 쫓아가 거기에 참여함으로써 책에 있는 이론 따위에서 발견하지 못했던 사실을 접하게 되었다. 그런 것들이 기존체제로부터 용납되지 않아서 그들 가운데 일부는 대학에서 한번 또는 두 번씩 추방되었으며 범법자로 규정되어 투옥되는 단계에까지 이르렀다. 이와 같이 민중신학은 민중운동으로부터 어느 정도 그 출발점을 지닌다고 할 수 있다.8) 따라서 제 1세대의 민중신학자들은 대체로 사건의 증인으로서 민중현실에 참여하게 된다.

이러한 맥락에서 제 1세대 민중신학자들의 민중이해를 보면 먼저 서남동은 민중은 외세와 지배권력에 대항해서 자신의 주체성을 실현하기 위해 저항하는 집단적 세력9)으로 이해한다. 즉 새 역사를

---

8) 민중신학 출발점의 직접적인 원인을 도시산업선교 및 아시아신학의 발전과정에서 보는 시각도 있다.

담당할 주체적인 사회세력으로서 민중을 보고있다. 안병무는 민중을 개념화하는 것을 거부하면서 특별히 민중의 '자기초월'10)을 할 능력을 가지고 있다는 사실에 주목한다. 아울러 그는 간접적으로 민중은 민족사에서 철저히 망각되고 무시되었으나 민족사의 실체라고 '민족·민중·교회'라는 제목으로 강연한 바 있다.11) 현영학은 민중이라는 말은 소위 엘리트, 특권층 또는 지도층과 대비되는 말로써 단적으로 사회의 가장 밑바닥에 눌려서 몸으로 살아가는 사람들12)로 이해하고 있다.

이러한 일세대 민중신학자들의 민중이해는 민중의 사회적 객관성(억압 소외 수탈)을 말하면서도 거기 머물지 않고 민중의 주체적 역량을 강조한다는 점에서는 적극적이지만 민중을 객관적 존재로 밝히는데는 소극적인 면을 볼 수 있다. 즉 민중을 사회과학적인 측면에서 이해하지 않으려는 경향이 있다는 점이다. 이들은 민중과 프롤레타리아(Proletariat)와는 구분하고 있으며 일정한 거리를 두고 있다. 또한 민중을 해방과 변혁의 관점에서 보기 보다는 주로 고난의 측면에서 보고 있으며,13) 포괄적으로 정치, 경제, 문화적인 의미에서 그리고 소박한 사화과학적인14) 의미에서 민중을 이해하고 있다.

---

9) 서남동, 『민중신학의 탐구』 (한길사, 1983), 214.

10 자기초월이란 자기가 당할 고통이 아닌데도 그 고통을 받기위해 고난의 현장에 뛰어듦을 말한다. 안병무, 『민중신학이야기』 (서울: 한국신학연구소, 1988), 27 참조.

11) NCC 신학연구위원회, 『민중과 한국신학』 (한국신학연구소, 1989), 19-26.

12) 위의 책, 15.

13) 기사연무크, 『진통하는 한국교회』 (한국기독교 사회문제연구원, 1990), 97.

3. 2세대 민중신학에 있어서 민중개념

　제 2세대 민중신학자들로는 강원돈, 김진호, 박재순, 박성준 그리고 서진한 등을 들 수 있다. 이들은 한편으로는 1세대 민중신학자들의 민중의미를 기본적으로 인식 경험했다는 점에서 민중개념에 대한 논의를 계승발전 시켰다. 또한 이들은 한국사회의 중첩된 모순구조 속에 있는 민중현실을 이해하기위해서 현실의 객관적 구조에 대한 정확한 인식을 필요로 한다는 면에서 민중을 과학적인 측면에서 이해하려고 한다. 이러한 점에서 단적으로 1세대 민중신학자들을 넘어선다. 즉 구조적 맥락의 내적연결고리에는 자본주의적 경제관계가 규정적으로 존재하고 있다는 인식에 이르게 되었다는 점이다. 이는 민중개념화가 계급론적 관점에서 조명됨을 의미한다.

　제 2세대의 민중신학자인 강원돈은 민중을 프롤레타리아의 헤게모니가 관철되는 한에서의 계급동맹으로 보고 있다15). 다시 말하면 그는 한국 자본주의의 보편과 특수의 관계 즉 기본모순과 주요모순의 관계에서 계급과 민중을 설정한다. 그리하여 민중개념화는 계급논의의 하위개념으로서 역사실천적 개념으로 이론화하게 되는 것이다16). 한편, 서진한은 제 1세대 민중신학이 의미하는 민중개념의 모

---

14) 김용복은 『민중의 사회전기』 민중의 고난과 갈망의 이야기를 민중신학에 도입했는데 이를 가르켜 소박한 사회과학적인 노력이라고 표현한 것임.

15) 강원돈, 『물의 신학』 (한울, 1992), 106.

16) 김진호, "역사주체로서의 민중-민중신학 민중론의 재검토," 『신학사상』 80, (1993년 봄), 24.

호성을 지적하면서 강원돈의 과학성을 담보하기 위한 형식으로서의 신학과 정치경제학을 결합시키는 방법도 '계급적 환원주의'라고 비판한다. 그는 오히려 민중의 계급성보다는 대중성에 더욱 그 촛점을 맞추고 있다. 그는 말하기를 대중성을 상실한 과학성의 강조는 쁘띠 부르조아적 급진주의에 빠질 수 있으며, 과학성을 결여한 대중성의 강조는 대중주의에 빠지게 될 것이다17) 라고 말한다. 이는 민중개념을 한국사회구성체의 계급성의 관점에서 보다는 계층성의 관점에서 보고 있는 것 같다. 말하자면, 그는 한국사회를 자본주의 모순이 첨예화된 계급투쟁의 공간으로 보지 않는다는 것이다. 그리고 김진호는 민중을 사회구성체의 모순구조 속에서 이 모순적 구조를 극복하려는 역동적인 형성적 실체로 규정한다.18) 이러한 규정이 계급과 다른 것은 형성론적 관점에서 계급은 경제적 관점에 초점이 있는 반면 민중은 정치적 관점에 초점이 있다는 점이다. 즉 민중은 민중당파성을 형성논리로하여 이루어진 일종의 변혁적인 정치연합으로 본다.19)

2세대 민중신학자들은 70년대에 1세대 민중신학자들이 포괄적으로 규정한 민중개념을 비판하면서 1세대의 비슷한 양상으로 민중신학이 민중운동의 한 양식으로 간주되어 민중운동에 깊은 관련을

---

17) 서진한, "80년대 민중신학의 과학성과 대중성," (한국기독교 사회문제연구원, 1990) 기사연무크 1, 『진통하는 한국교회』 137.
18) 김진호, "역사주체로서의 민중,"『신학사상』 80, (1993년 봄), 28.
19) 김진호는 이런 관점에서 중산층과 민중의 개념을 대립적인 것으로 보려는 경향에 반대한다. 이와 관련하여 위의 책 참조.

갖게 되었다. 이는 민중신학이 '증언의 신학'에서 '운동의 신학'으로 변화됨을 의미한다. 80년대의 광주민중항쟁운동이후 학생운동이나 사회진보 운동은 한국사회를 자본주의 모순이 첨예화된 계급투쟁의 이행기로 판단하였고, 또한 한국사회를 계급사회로 규정하였다. 이러한 사회운동은 제 2세대 민중신학자들에게 어느 정도 영향을 주어 민중신학자들은 한국사회의 문제를 신학화하는데 과학성을 담보하면서 신학하는 방법으로 마르크스주의적 계급성을 민중의 의미로 동일화(Identify) 시켰다.

4. 전망과 사회윤리학적인 평가

민중의 개념규정에 대한 논의는 누가 민중인가라는 물음으로 귀착된다. 민중개념의 외연, 민중개념의 적용범위를 어디까지 할 것이냐라는 물음은 가장 많은 논란을 일으킨다. 민중의 개념규정을 내리기 전에 먼저 민중이라는 낱말이 어디에서 누구에 의해서 어떤 의도로 사용되는 낱말인지를 확인해야한다. 민중이 해방투쟁에서 해방의 대상이며 동시에 주체가 되는 투쟁의 주력 담지자를 포괄적으로 나타내기 위해서 사용되는 상징적인 표현법인지 혹은 명확한 내용을 전달하려는 학술적인 기호어로 성격화되는 편이 좋을지를 결정해야한다.

1세대 민중신학자들이 규정하고 있는 민중의 개념은 70년대의 한국의 정치, 경제, 사회의 배경을 반영하고 있다. 특히 군부세력의 폭정으로 인하여 지식인들과 그 비판세력들이 좀 더 사회과학적인 인식을 담보할 수 있는 가능성을 통제하였다. 이로 인해 70년대의 사회운동은 제도권내의 민주화운동의 차원에 머무르게 되었고 따라서 제 1세대 민중신학자들의 민중개념 역시 재야 역사가들이 군부세력의 간접적 비판의 한 도구(Tool)로서 발견한 전통문화놀이 안에서 이해되었고, 그것은 포괄적으로 규정될 수 밖에 없는 상황이었다.

1세대 민중신학자들이 말하는 민중개념의 규정은 당시 사회의 상황에 대한 한계가 있지만, 민중에게 인식론적인 특권을 부여했다는 면에서 지금까지 지배이데올로기에 의하여 거꾸로 인식된 사회의 역사를 똑바로 드러나게 한다는 점에서 매우 고무적인 면이라고 할 수 있고 또한 70년대의 인권운동과 민주화운동에 중요한 역할을 했다는 점에서 사회윤리적인 공헌을 간과해서는 안될 것이다.

2세대 민중신학자들은 80년대의 광주민주화운동이후 한국사회를 신식민지 국가독점자본주의로 규정함으로 말미암아 한국사회의 구성을 자본주의의 계급적 대립의 양상으로 보았고, 이를 과학적인 측면에서 이해하게 되었다. 2세대 민중신학자들은 한국사회문제를 극복하려는 도구로서 마르크스주의 계급성을 민중과 동일시하였으며 이는 결국 한국사회의 정의(Justice)를 구조적 변혁을 통해서 이루어져야한다는 민중신학의 새로운 파라다임이며, 이것은 한국사회의 구조적 모순극복이라는 과제를 신학화하려 했다는 점에서 기독교 사회윤리적인 측면에서도 중요한 공헌을 했다고 평가할 수 있다. 또한 민중신학의 제 2세대에서 제기된 민중의 개념은 계급당파성이라는 측면에서 남미의 해방신학자들이 푸에블로를 가난한 자와 동일시 한 것과 깊은 상응성을 가지고 있다고 하겠다. 그러나 문제는 90년 대 이후 해방신학의 푸에블로 개념이 정치경제적인 측면에서 종교 문화 사적인 접근으로 포용, 확대되어 가고 있다는 점이다.20)

　90년대의 한국사회는 문민정부가 들어선 이후 많은 부분이 개량화 되었다. 이에 민중개념을 어떻게 규정해야할는지가 과제로 남아있다. 70년대에 있어서 민중개념은 정치적인 억압을 당한 자라고 보았고, 80년대는 경제적 모순으로 고통당하는 자라고 보았다면, 90년대는 사회, 문화적으로 소외된 자 즉 포괄적인 개념으로 보아야 하지 않을까 한다. 그럼에도 불구하고 시대가 바뀌고 사회가 변한다 해도 가난한 자들은 계속 존재하기 때문에 민중신학이 지향하고 있는 대상으로서의 민중의 개념은 경제적으로 가난한자에 대한 당파성을 지니고 있어야한다. 그러나 90년대의 한국사회에 있어서 민중이 반드시 계급성의 하위개념으로 규정되어야하는가 아니면 자본주의의 틀을 현실적으로 수용하여 계층성으로 확대 이해하는가에 대한 논의가 계속되어야 할 것이다. 따라서 90년 대 이후 한국사회가 어떻게 변혁되어야 하는가에 따라서 민중의 개념 또한 새롭게 규정되어야 할 것이다.21)

---

20) Gustavo Gutierrez, *A Theology of Liberation.* (Maryknoll, N.Y.: Orbis Books, 1990), xviii.
21) 한상진은 한국사회에서 중산층이 증가됨을 말하면서 이들의 일부는 권력연합의 참여하는 경향이 있고 다른 일부는 민중연합의 참여하는 경향이 있음을 주장한

II. 마르크스와 엥겔스의 종교와 기독교의 이해

1. 마르크스주의와 민중신학

칼 마르크스와 프리드리히 엥겔스의 종교관은 민중신학의 영향을 받은 나와 같은 사람에게는 매우 도움이 된다. 특히 마르크스와 엥겔스의 기독교에 대한 이해는 매우 인상적이다. 종교와 기독교에 대한 그들의 견해는 내가 민중신학에 대해 배운 것과 신학을 어떻게 해야 하는지를 상기시켜 준다. 민중신학은 구체적인 상황에서 탄생했다. 즉, 민중신학은 1960-70년대 한국 사회의 정치-경제적 상황에서 탄생한 것이다.

군사 쿠데타(1961년 5월 16일)로 정권을 잡은 박정희 정권은 근대화를 명분으로 해외 자원에 의존하는 개방 경제 정책을 공표했다. 그

다 (한상진, "중민 개념의 모색--민중과 중산층 귀속의식 연구에 기초하여,"「중민이론에 탐색」(서울: 문학과 지성사, 1991) 참조.) 여기서 민중과 중산층의 연대의 가능성을 어느정도 생각해 볼 수 있으며, 또한 박재순은 "서경석 목사의 글에 응답함—민중신학의 반성과 원칙,"「기독교 사상」10월 (서울: 기독교서회, 1993), 137. 이라는 글에서 선한 사마리아인의 비유를 말하면서 강도 만난 사람(민중)을 치유하고 돕는 선한 사마리아인(예수와 제자들)의 역할 또한 함께 그 중요성을 이야기하면서 민중의 개념에 민중적 당파성을 견지하면서도 그 보편성에 대하여 열린입장을 말하고 있다. 그리고 여성신학자인 아다 마리아는 잘 훈련받은 신학자들이 민중에게 다음과 같은 역할을 함으로 민중의 한 멤버가 됨을 말한다. 민중의 눈으로 현실을 보고 전적으로 투쟁사회(Commmunity of Struggle)에 참여하여 그 공동체의 한멤버로서 매일의 투쟁이 종교적인 믿음과 어떠한 이해가 있는지를 일깨워주는 역할자(Enabler)이라고 말하면서 민중개념의 범위를 확대하고 있다. Ada Maria Isasi-Diaz, "Mujeristas: A Name of Our Own," in Marc H. Ellis and Otto Maduro, ed., 「The Future of Liberation Theology」(Maryknoll,N.Y.: Orbis Books, 1989), 412.

결과 공식적으로는 고도 성장과 산업화가 이루어졌다. 그러나 1970년대 초부터 수출 주도 정책의 모순이 서서히 드러나기 시작했는데, 농민들은 농사를 포기하고 대도시 공장지대로 모여들었고, 도시 저소득층이 증가했으며, 열악한 노동 환경에 대한 노동자 계층의 불만이 조금씩 드러나기 시작했고, 강대국에 대한 의존도가 심화되면서 극심한 외채가 발생하기 시작했다. 이 모든 것이 사회경제적 문제를 드러내는 결과를 낳았다.

당시 박정희 군사 정권은 두 가지 방식으로 권력을 유지했는데, 하나는 반공 정책이고 다른 하나는 고도성장 정책이었다. 전자는 북한의 침략 가능성을 구실로 노동운동과 민주화 운동을 탄압하는 결과를 낳았다. 후자는 국제경쟁력 강화라는 명분으로 노동자들의 저임금과 열악한 노동조건을 정당화하는 결과를 낳았다. 박정희 정권 시절인 1971년 11월, 봉제공장에서 미싱사로 일하던 청년 노동자 전태일이 정부의 노동조합 활동 탄압에 항의하며 분신자살하는 사건이 발생했다. 그의 죽음으로 침묵을 지키던 노동자들이 들고 일어나 민중운동에 참여하기 시작했다. 이처럼 학생운동의 성격이 학내 투쟁에서 학외 활동으로 바뀌고, 양심적인 지식인들이 이론뿐 아니라 실천으로 민중운동을 뒷받침했다.

민중신학에 간접적으로 영향을 준 외적 요인으로는 독일의 정치신학과 라틴아메리카의 해방신학을 들 수 있다. 사실 60-70년대 민중신학은 주로 미국이나 독일에서 신학을 공부한 신학자들이 주도했다. 신학자들과 양심적인 기독교인들이 인권운동, 민주화운동, 민중

운동에 참여했지만 신학적 전제 없이 활동한 것이다. 시간이 흐르면
서 민중운동에 참여한 기독교 신학자들은 점차 민중운동을 신학화할
필요성을 느끼기 시작했다. 그들은 민중 운동을 신학적 관점에서 해
석하기 시작했다. 동시에 그들은 기존 신학을 비판하기 시작했다. 기
존 신학은 일반적으로 한국의 전통 신학을 의미한다. 전통 신학은 이
미 주어진 교리의 틀 안에서 성경을 해석하는 경향이 있으며 사회 문
제에 관해 관심을 갖지 않는다. 민중신학자들은 '신학'을 실천을 위한
수단으로 정의하며 참여와 체험을 강조한다. 신학자들은 민중신학적
관점에 비추어 성경을 이해하게 되면서 억압자의 논리뿐만 아니라 추
상적 사고에서 발전한 교리의 틀을 벗어 던지려고 노력했다. 이런 민
중신학은 민중운동과 경험에 대한 참여와 실천을 통해 탄생했다.

1980년 쿠데타로 전두환 정권이 들어서자 전두환 군사정권에
항거하던 광주에서 많은 사람들이 군부에 의해 살해당했다. 이때부
터 학생운동의 성격은 기존 체제 내 민주화 운동에서 계급투쟁 운동,
즉 인권운동이나 민주화 운동에서 사회과학적 분석에 기초한 반체제
운동으로 바뀌게 된다. 특히 1980년대 중반 이후 민중운동의 지향
은 사회분석 방법론에 기반한 강력한 정치-경제적 투쟁을 낳았다.
이러한 운동과 함께 민중신학도 새로운 지평을 열었다. 즉, 민중신학
은 민중의 과거 역사적 경험을 신학의 틀로 삼던 개념에서 사회분석
에 기초한 개념으로 도약한 것이다. 그 동안 "민중"의 개념에 대한
많은 논쟁이 있었다. 80년대 중반까지 민중신학자들은 일반적으로
민중을 한국 역사 속에서 억압받는 민중들의 종합적이고 상징적인

개념으로 정의했다.[22]

　　80년대 중반에 접어들면서 민중신학은 모호하고 광범위한 개념에서 정치-경제적 민중 개념으로 도약하기 시작했고, 실제로 민중을 정치-경제-사회적으로 억압받는 자로 정의했다. 그러나 민중 신학자들은 민중은 살아있는 현실이기 때문에 고정된 목표로 정의 할 수 없다고 대답한다. 80년대 중반까지만 해도 민중신학에 대한 대부분의 논문들은 한국 전통문화 속에서 억압받는 민중의 이야기에 초점을 맞추었지만, 80년대 중반 이후부터는 마르크스주의 전통에서 계급의식으로서의 민중 개념도 조심스럽게 받아들이기 시작했다. 그러나 대부분의 민중신학자들은 민중 개념을 다루는 전략으로 마르크스주의의 사회분석을 수용하고 있었다. 그러나 일부는 마르크스주의자의 분석 방법론에 따라 민중 개념을 다룰 때 일정한 거리를 유지한다.

　　이러한 역사를 고려할 때, 마르크스주의는 20대의 나에게 종교와 사회의 관계를 이해하는 데 가장 강력한 영향을 미쳤다. 마르크스주의는 80년대 한국의 억압과 불의에 대한 종교의 역할을 이해하는 데 일정한 통찰력을 제공해 주었다. 기독교를 포함한 종교에 대한 마르크스와 엥겔스의 관점이라는 제목으로 이 논문을 쓰면서 논평과 비판을 전개해 나가려고 한다. 마르크스주의와 기독교를 넘어서기 위해 한국의 민중교회의 사례를 소개한다. 마지막에는 마르크스주의 종교비판의 유용성과 현대 기독교에의 적용 가능성을 정리해 본다.

---

22) 고재식, 「사회선교와 기독교윤리」 (서울: 대한기독교서회, 1991) 254.

2. 종교에 대한 마르크스와 엥겔스의 견해

마르크스는 종교 세계는 현실 세계의 반영에 지나지 않는다고 말한다.23) 엥겔스는 또한 모든 종교는 사람들의 일상생활을 통제하는 외적인 힘과 초자연적인 힘의 형태로 위장한 지상의 힘의 환상적인 반영에 지나지 않는다고 말한다.24) 마르크스와 엥겔스는 종교가 세상과 분리되고 고립된 것이 아니라 인간 활동의 반영이라는 데 동의한다. 종교는 초자연적인 영역에 속하는 것이 아니라 일상 세계의 매우 구체적인 맥락에 속한다.

마르크스는 인간이 종교를 만든다고 확신한다.25) 종교는 인간의 발명품이다. 인간은 '세계 밖'이 아닌 '세계 안'에 살고 있기 때문에 사회, 세계, 인간관계에 대한 인식에 따라 종교를 창조한다. 인간이 종교를 만드는 이유는 자신이 세상의 주체가 되는 데 실패했기 때문이다. 인간이 세계의 주체가 되지 못할 때 종교는 환상이나 환상의 세계가 된다. 인간은 '거꾸로 된 세계 의식'이 필요할 때 종교를 만들어낸다.26)

마르크스는 사회가 상품 생산에 기반을 두고 있다고 주장하기 때

23) Karl Marx and Friedrich Engels, *On Religion* (N. Y.: Schocken Books, 1974) 135.
24) Marx and Engels, Ibid., 147.
25) Marx and Engels, Ibid., 41.
26) Puthenpeedikail M. John, "Religious criticism: fundamental issues of religion in the early writings of Karl Marx" in *Religion and Society* 17, No. 2. Jun. 1970, 58.

문에 사회, 특히 생산 방식이 변화함에 따라 종교도 진화한다고 말한다. 예를 들어, 고대 사회는 매우 단순하고 좁은 생산 수단을 가지고 있었으며, 따라서 고대 사회의 종교는 자연 숭배와 비슷한 종교적 관습으로 표현되었다.[27]

과학과 기술이 발전하고 생산 수단이 변화함에 따라 종교도 변화한다. 「포이에르바흐에 관한 테제」에서 마르크스는 철학자의 책임은 단순히 세계를 해석하는 것이 아니라 세계를 변화시키는 것이라고 말한다.[28] 철학자는 인간에 대한 착취와 억압을 폭로하고 사회를 보다 평등하고 조화로운 사회로 변화시켜야 한다. 이 과정에서 인간이 자신의 현실을 직시하고 "환상적 행복"이 아닌 "진정한 행복"을 위해 노력하기 위해서는 종교가 폐지되어야 한다.

마르크스는 종교를 잘못된 세계의 반영으로 간주한다.[29] 종교는 인간이 자신의 현실을 이해하고, 할 수 있는 일을 하는 데 방해가 된다. 종교는 현 상태의 특권과 권력, 억압받는 사람들의 억압과 빈곤을 영속화하는 역할을 한다. 인간은 "타락하고, 노예가 되고, 버림받고, 비열한" 관계에 놓이게 하는 종교의 손아귀에서 벗어나야 한다. 또한 종교는 억압받는 사람들이 자신의 '고통'을 표현하고 진정한 고통의 원인에 대해 항의할 수 있는 수단이다. 따라서 마르크스는 종교

---

27) Marx and Engels, Ibid., 136.
28) Marx and Engels, Ibid., 72.
29) N. Libkowicz, "Karl Marx's Attitude Toward Religion" in *The Review of Politics* Vol.XXVI, 1964, 321.

의 존재가 억압받는 피억압자의 표식이며 "민중의 아편" 역할을 한
다고 믿는다.30) 종교는 억압받는 사람들에게 거짓 희망과 위안을 제
공하고 비참한 상태에 머물도록 돕는 기능을 한다. 이런 의미에서 종
교는 지배 계급이 사용하는 보수적인 힘으로 작용할 가능성이 있
다.31) 그러나 오토 마두로 박사는 종교가 사회 변화의 능동적인 힘
으로 간주된다고 제안한다.32)

　마르크스는 인간을 스스로를 돌보고 변화시킬 수 있는 존재로 격
상시킨다. 그는 급진적이라는 것은 문제의 근원을 파악하는 것이며,
인간에게 있어 그 근원은 바로 자기 자신이라고 말한다.33) "진정한
행복"은 모든 인간이 생산수단을 이질적인 힘으로 저항함으로써 생
산수단의 속박에서 해방될 때, 그리고 인간 소외의 완전한 부재로 인
해 종교가 사라질 때 온다. 소외 문제는 마르크스 사상을 이해하는
데 있어 핵심적인 문제이다.34) 어떤 의미에서 마르크스는 종교를 소
외의 한 형태로 본다.35)

---

30) Marx and Engels, Ibid., 42.
31) Robert William Blaney, "Karl Marx's Critique of Religion," diss., BU.
1966, 322.
32) Otto Maduro, *Religion and Social Conflicts*, (Maryknoll: Orbis Books,
1982) 113.
33) Marx and Engels, Ibid., 50.
34) Marx and Engels, Ibid., 149. Alienation issue is a key of understanding
about Marx's thought. For the relationship between religion and
alienation, see Ronald H. Stone "Karl Marx and the end of religion"
in *Social Action* (US), 1968, 28-30.
35) M.M. Thomas, "Significance of Marxist and Barthian insights for a
Theology of Religion"in *Religion and Society:* Vol.21. Dec. 1974, 59.

마르크스와 엥겔스는 인간이 자신의 잠재력을 충분히 발휘할 수 있고, 종교의 환상에 의존하지 않고도 정의와 평등을 확립할 수 있는 사회를 원했다. 마르크스가 추구하는 이상적 세계는 사람들이 종교에 환멸을 느끼지 않고, 사유재산과 생산수단의 불평등한 분배로 인해 인간을 서로 소외시키지 않고 살아가는 세상이다. 마르크스와 엥겔스는 인간이 자신의 세계에 대한 책임이 있고 현실을 바꿀 수 있다는 것을 가르치고자 했다. 그러나 그렇게 함으로써 그들은 종교의 존재를 억압받는 사람들의 '고통'의 표현으로 축소한다. 종교는 억압받는 사람들이 억압과 착취를 표현하는 단순한 통로가 아니라, 인간이 인간과 및 자연과의 관계를 드러내고 억압자에 저항할 수 있는 수단이다. 고대 종교가 자연을 숭배한 것은 단순히 생계가 자연에 의존했기 때문이 아니라 인간 자신과 자연을 서로 조화롭게 이해하고자 했기 때문이다.

마르크스와 엥겔스는 유물론적 역사 개념에 따라 종교를 이해한다. 종교가 한 사회의 경제적 요인에 영향을 받는 것은 분명하지만, 종교가 이러한 경제적 차원에 의해 절대적으로 통제된다고 주장하기는 어렵다. 인류의 경제 활동이 그 시작을 추적하기 어려운 것처럼 종교 활동도 마찬가지이다. 마르크스와 엥겔스는 종교를 경제적 요인의 영향권에 있는 것으로 축소하는 대신 물질적, 정신적, 사회적, 정치적, 문화적 등 인간의 삶의 전체 맥락에서 인간을 고려했어야 했다.

3. 마르크스와 엥겔스의 기독교에 대한 견해

마르크스와 엥겔스는 기독교를 정치 경제적 그리고 문화적 맥락에 따라 이해한다. 그들은 기독교를 동시대 정치와 경제 그리고 철학의 맥락에서 바라보면서 기독교를 그들의 혼합물로 이해한다. 엥겔스는 기독교가 동양 특히 유대교 신학과 저속한 그리이스, 특히 스토아 철학의 일반화 된 혼합물에서 존재하게 되었다고 말한다.36) 그는 또한 기독교가 당시의 시대적 조건에 부합했기 때문에 국가적으로 받아들여진 종교가 되었다고 주장한다.37) 기독교는 기성 체제와 계급을 지지하고 수용함으로써 공식 종교가 되었다는 것이다. 이런 의미에서 마르크스는 기독교가 노동자 계급의 억압과 착취를 희생시키면서 지배 계급의 이익을 정당화하고 유지하는 데 사용되는 원죄와 구속의 교리에 기초하고 있다고 지적한다.38) 원죄와 구속은 억압받는 사람들이 자신의 불행과 고난을 스스로 탓하게 만들고, 사후에 보상과 보상을 기대하게 만든다.

마르크스는 기독교가 정치적, 사회적 인식이 부족하다고 비난했다. 기독교는 정치적, 사회적 비전이 아니라 종말론적 비전에 기초하고 있기 때문에 기독교의 지향점은 이 세상이 아니라 다른 세상을 향한 것이다.39) 기독교가 세속적 변화가 아닌 영원을 준비하는 것이라

---

36) Marx and Engels, Ibid., 264.
37) Ibid.
38) Marx and Engels, Ibid., 82.

면, 인간이 윤리와 도덕적 비전을 세울 수 있는 사회에 관심이 없는 것은 놀라운 일이 아니다. 또한 기독교는 정부 정책의 정확성에 의문을 제기하고 도전하는 대신 모든 권위는 "하나님이 제정하신 것"이므로 사람들은 그 권위에 복종해야 한다고 가르친다.40) 기독교는 사람들이 억압의 진실에 눈을 멀게 하고 하나님이 주신 운명을 받아들이게 하는 데 사용된다.

엥겔스는 기독교에 대한 이러한 견해를 마르크스와 공유한다. 그는 기독교가 죄를 강조함으로써 사람들이 시대의 사악함과 일반적인 물질적, 도덕적 고통에 대해 스스로를 비난하게 만든다고 말한다.41) 마르크스와 엥겔스는 모두 기독교를 구체적인 역사적 현실의 산물이자 사람들이 자신의 불행과 고난에 안주하게 만드는 수단으로 받아들인다.

마르크스는 기독교의 사회 원리가 고대 세계의 노예제를 정당화했고, 중세의 농노제를 미화했으며, 프롤레타리아트에게 저항 없이 비참한 삶을 받아들이도록 가르쳤다고 주장한다.42) 엥겔스는 또한 중세에는 소수의 권력자가 토지를 소유하는 봉건주의가 교회에 의해 승인되었다고 말한다.43) 교회는 세속 정부와 함께 권력과 명성을 누

---

39) Herbert Aptheker, ed. Marxism and Christianity (N.Y.: Humanities Press, 1968), 85.
40) Marx and Engels, Ibid., 37.
41) Marx and Engels, Ibid., 203.
42) Marx and Engels, Ibid., 83.
43) Marx and Engels, Ibid., 269.

렸다. 유일한 교육받은 계급인 성직자들은 자신들의 부와 특권을 연
장하고 가난한 사람들을 억압하기 위해 교리를 발명하고 사용했
다.44) 이러한 사실은 기독교가 국가의 공식 종교가 된 콘스탄틴 시
대부터 지금까지 존재해 왔다.45)

엥겔스는 상업, 무역, 은행업을 통해 계급을 형성한 부르주아지
의 발전으로 넘어간다. 이들은 교회의 교리와 권위에 비판적이었다.
그들은 경쟁이 무역의 기본 형태이자 가장 큰 평등화라고 믿었기 때
문에 정치적, 경제적 복지를 추구하기 위해 평등을 요구했다.46) 부
르주아지는 교회와 군주제의 통제에서 벗어나 정치적, 경제적, 이념
적 독립을 이루고자 했다. 부르주아지의 탄생은 봉건주의와 기독교
에 약점과 파괴를 가져왔고 종교개혁의 도래를 도왔다. 그러나 이 과
정에서 봉건적 생산양식이 자본주의적 생산양식으로 바뀌면서 생산
수단을 박탈당한 프롤레타리아 계급을 양산했다.47) 이 노동자 계급
은 여러 세대에 걸쳐 "무소유"를 대물림했다. 독일의 농민 전쟁은 프
롤레타리아 운동의 한 예이다. 엥겔스는 독일의 농민 전쟁을 예수의
가르침에 기초한 사회를 세우고자 했던 억압받는 사람들의 급진적인
운동으로 보았다. 엥겔스는 종교개혁 당시 사회가 세 가지 중요한 계

---

44) Willie R. De Silva, "Religion a fundamental Element in the Societal
Analysis of Karl Marx and Marx Weber: A Comparative Study in
Journal of Dharma 12. Jul-Sep. 1987, 272.
45) Aptheker, Ibid., 88.
46) Marx and Engels, Ibid., 271.
47) Marx and Engels, Ibid., 272.

급으로 나뉘어져 있다고 보았다: 1) 보수적인 가톨릭 진영 2) 부르주아지와 같은 온건한 루터교 개혁 진영 3) 혁명적 정당인 농민들이다.48) 토마스 뮌처는 혁명당의 한 사람으로서 교회를 원래 상태로 회복하고 모든 제도를 폐지함으로써 하나님의 통치를 즉각적으로 확립하기를 희망했다. 그는 부패한 시민 권력이 없는, 재화를 공동으로 공유하는 공산주의 사회를 만들고자 했다.49) 뮌처의 혁명은 루터와 같은 개혁자들과 루터를 지지하는 정권의 직접적인 반대 때문에 실패했다. 대항하여 일어났지만 정치적, 경제적 힘의 부족으로 인해 항의에 실패했다.

엥겔스는 그의 저서 『초기 기독교의 역사』에서 기독교에 대한 그의 지식의 깊이를 보여준다. 그는 기독교가 원래 로마 정권 하에서 억압받는 민중들의 운동이었다고 말한다.50) 그는 기독교를 "노예, 또는 해방 된 노예, 가난하고 피지배 된 사람들"의 종교로 본다. 그러나 그는 예수를 억압적인 종교적, 정치적 제도에서 사람들을 해방시키는 반역자로 보지 못했다.

엥겔스는 원죄, 삼위일체 교리, 그리고 성찬례가 성경에 없다는 것을 알지만, 그는 성경에서 전복적이고 해방적인 목소리를 보지 못한다. 그는 예수와 그의 초기 제자들이 그 사회의 억압받는 사람들과 동일시하고 정의롭고 평등 한 사회를 세우려고 노력한 사람들이라는

---

48) Marx and Engels, Ibid., 103.
49) Marx and Engels, Ibid., 112.
50) Marx and Engels, Ibid., 316.

사실을 발견하지 못했다. 엥겔스는 공관복음서에 드러난 역사적 예수와 뮌처 사이의 연관성을 보지 못한다. 엥겔스는 기독교의 역사를 주요 시대별로 이해함으로써 혁명적이고 해방적인 프롤레타리아트의 오랜 존재를 무시한다. 초기 기독교와 로마 제국의 공식 종교, 중세와 종교개혁 사이에는 경제적, 사회적, 정치적 정의와 평등을 위해 싸운 수많은 사람들이 있었다.

예수님은 성차별, 인종차별, 가부장제, 계급주의의 경계를 넘으셨다. 예수님은 버림받은 자로서 십자가에 못 박혔다. 예수의 메시지는 억압받는 자들과 모든 인간을 위한 구원의 기쁜 소식이다. 예수님은 무엇보다도 가난하고 멸시받는 사람들에게 먼저 하나님 나라를 선포하였다. 예수님은 영적인 구원과 죽음 이후의 위로만을 믿지 않았다. 그는 '일용할 양식'과 육체적으로 병든 사람들의 치유에도 관심을 가졌다.

그런 의미에서 예수님의 마음과 삶을 실천하는 한국의 민중교회를 소개한다. 민중교회는 예수님의 뜻을 실천하는 모델로 본다. 민중교회가 언제 처음 등장했는지 알기 어렵다. 일반적으로 1970년대 중반에 진보적 지식인들에게 알려지기 시작했다. 민중신학자나 민주화 운동에 참여했던 젊은 양심적 지식인들이 세운 민중교회가 많았기 때문이다. 민중신학자들이나 민중신학의 영향을 받은 진보적 기독교 지도자들이 사회운동의 성격을 띤 교회를 설립하기 시작한 것이다.

민중교회가 무엇인지 명확하게 정의하기는 어렵다. 그러나 일반적으로 기존 교회와의 비교를 통해 그 특징을 언급할 수 있다. 첫째, 민중교회의 특징 중 하나는 기존 교회가 지켜온 제도나 의례에 거의 신경을 쓰지 않는다는 것이다. 오히려 한국의 전통 토착종교에서 현대화된 의식을 수용하려고 노력한다. 두 번째는 민중교회를 이끄는 목회자들이 마르크스주의나 사회주의와 같은 비판적 사회과학을 공부했다는 점이다. 따라서 이들은 전통적 교리를 유지하려는 기존 교회를 강하게 비판하고 사회 문제에 관심을 갖는다. 셋째, 다른 하나는 한국 사회의 변화에 대해 교인들과 함께 논의하는 경우가 많다는 점이다. 또한 민중교회의 목회자들은 가난한 사람들과 함께 일하거나 그들과 함께 생활하는 경우가 많았다.

4. 결론

마르크스와 엥겔스는 종교를 역사적, 경제적, 사회적, 정치적 틀에 넣고 종교를 상호 작용의 결과로 이해하는 데 매우 유용하다. 그들은 식민지 경험을 한 사람들에게 기독교를 서구 세계의 특정한 사회적 역학의 산물로 바라보게 한다. 특히 그들은 한국인의 역사적 경험과 관련 있는 기독교를 찾도록 도전한다.

그럼에도 불구하고 마르크스와 엥겔스의 종교 비판은 현대 기독교에 적용하기 전에 먼저 성찰해야 한다. 그리고 기독교에 내재되어 있는 인종주의, 성차별, 제국주의, 식민주의, 자본주의에 대한 분석이 필요하다. 그러나 마르크스주의는 다른 사회, 경제, 정치 및 인간 간 학문과 관련하여 매우 유용할 수 있다.

오늘날 기독교는 그 어느 때보다 다양한 전통과 신학에 직면해 있다. 기독교(서구와 유럽)는 흑인 신학, 해방 신학, 페미니즘 신학, 아시아 해방 신학, 한마디로 상황 신학에 의해 도전을 받고 있다. 기독교는 공식적이고 중심적인 종교가 아니라 억압받는 사람들의 목소리에 귀를 기울이려고 노력한다. 또한 모든 교회가 '가난한 자를 위한 우선적 선택'을 하도록 각성하고 있으며, 이것이 바로 하나님이 하신 일이다.

마르크스주의의 종교 비판은 신학과 개인의 경험, 그리고 사회적, 정치적, 경제적 조건에 대한 평가에 도움이 될 수 있기 때문에 이러한 상황 신학에 유용하다. 마르크스와 엥겔스는 또한 인간이 자신의 삶을 소유할 수 있는 능력을 소중히 여겼다. 이러한 상황 신학의 주요 목적은 가난한 사람들과 억압받는 사람들에게 그들이 자신의 역사와 삶의 주체임을 상기시키는 것이다.

마르크스와 엥겔스와 나는 출발점이 다른 것 같다. 마르크스와 엥겔스가 종교를 떠나 가난한 사람들과 억압받는 사람들을 경제적, 정치적, 이데올로기적 굴레에서 해방시키고자 했다면, 나는 예수와 토마스 뮌처 등 이미 존재하는 해방의 전통을 재발견하고 이를 신앙 안에서 활성화시키려고 노력한다는 점이다. 침묵하고 억눌렸던 억압받는 자들의 해방의 목소리를 회복하고 예수의 삶과 사역을 따르는 사회를 만드는 데 일조하는 것이 나의 관심과 열정이기도 하다.

한국에서 '한 울타리 안에 산다'는 뜻의 '두레공동체'라는 기독교 단체가 있었다. 이 두레 공동체는 가난한 사람들이 가난을 극복하고 현상유지를 위한 교회가 아니라, 이 땅의 진정한 공동체로 살아가려는 희망의 꿈을 가지고 있었다. 그 공동체의 정신은 사회의 한 부분에서 다른 부분을 강제로 빼앗는 것이 아니라, 예수의 사랑의 계명을 이 땅에 구체화시키는 것이다. 이 땅에 사는 모든 사람들이 평화롭고 정의로운 삶을 살아 갈 수 있는 사랑의 토대가 되기를 원했던 공동체였다. 지금은 현실화되지 못한 공동체이지만 계속 예수의 사랑의 공동체 정신은 이어져야 한다.

Bibliography

Aptheker, Herbert. ed., *Marxism and Christianity.* NY: Humanities Press, 1968.

Blaney, Robert William. "Karl Marx's Critique of Religion," Diss. Boston: BU, 1966.

De Silva, Willis R. "Religion a Fundamental Element in the Societal Analysis of Karl Marx and Marx Weber: A comparative study" in *Journal of Dharma* 12. 266-288. Jul-Sep. 1987.

John, Puthenpeedikail M. "Religious critism: Fundamental issues of religion in the early writings of Karl Marx" in *Religion and Society* (Bangalore) 17. Jun. 1970.

Ko, Jae Shik, *Social Mission and Christian Ethics.* Seoul: Korea, 1991.

Lobkowicz, N. "Karl Marx's Attitude Toward Religion" in *The Review of Politics* No.26, 1964.

Maduro, Otto. *Religion and Social Conflicts.* Maryknoll: Orbis Books, 1982.

Marx, Karl and Engels, Friedrich, *On Religion.* New York: Schocken Books, 1974.

Thomas, M.M. "Significance of Marxist and Barthian Insights for a Theology of Religion" in *Religion and Society* Vol. 21. Dec. 1972.

III. 아시아 해방 윤리에서 이데올로기의 역할[51]

1. 서론

이데올로기는 그것이 출현한 특정한 상황을 반영한다. 신학 역시 특정한 상황을 반영하는 데서 예외일 수 없다. 신학의 역할은 성경의 진리를 드러낼 뿐만 아니라 우리의 구체적인 현실을 성경으로 가져오는 기능을 가지고 있다. 신학은 특정한 사회적 현실에서 생겨나는 것이다. 그것은 결코 고립된 채로 이해될 수 없다. 이런 측면에서 아시아 해방신학은 종교개혁 이후 서구의 전통적 신앙에 기초한 신학이 등장한 상황과는 다른 억압된 정치, 경제, 문화-종교적 상황에서 등장했다. 아시아 해방신학은 사회구조 속에서 억압받는 자들의 자각에 대한 선언이다. 아시아 해방신학은 정치적, 경제적 권력과 관련된 유럽의 신학을 무조건적으로 받아들이는 것을 거부하고, 자신들의 특별한 경험을 통해 다양한 목소리와 신학을 표현하기 시작했다. 이러한 거부는 정치적, 경제적, 종교문화적으로 각기 다른 상황의 차

---

51) 본 글은 저자가 영어로 쓴 첫 논문을 번역한 것이다. 이 논문 내용에서 탈식민주의를 추가하여 약간의 수정과 함께 마당저널에 실렸다. Park, Sam-Kyung, "The Role of Ideology in Asian Liberation Ethics," *Madang Joural*. Vol. 20 (Dec, 2013), 5-26.

이에 기인한다.

　신학은 해방의 실천적 차원에서의 비판적 성찰52)이라고 할 때,
신학은 새로운 프락시스(praxis)가 된다. 즉 이는 신학과 해방의 차원
과 그리고 세계의 변혁 사이에서 필요한 연결고리를 만들어내는 방
법론적 가설이다. 이것이 바로 해방 신학이 정통교리보다 실천에 더
많은 관심을 기울이고, 신학이 이론적 성찰의 림보(limbo)로 강등될
수 없으며, 모든 신학적 가설은 윤리적 요소를 가져야 한다는 말의
의미이다.53) 이사시-디아즈에 따르면, 실천은 궁극적인 의미에 대
한 질문에 근거하고 이를 다루는 비판적이고 성찰적인 행동이다.54)
따라서 실천은 아시아 해방 신학의 출발점이자 아시아 해방 윤리의
출발점이 된다. 이데올로기 개념은 아시아 해방신학과 윤리를 새로
운 실천으로 이해하는 데 매우 중요하다.

　이 연구의 주요 과제는 아시아 해방 윤리학에서 이데올로기의 역
할을 검토하는 것이다. 이를 위해 해방과 이데올로기의 개념을 아시
아적 맥락과 아시아 신학과 관련하여 논의한다. 이 연구에서 해방의
개념과 관련해서는 에큐메니칼 제3세계 신학자 협회(EATWOT)의 자

---

52) Gustavo Gutierrez, *A Theology of Liberation* (Maryknoll: Orbis Books, 1973) 13.

53) Francisco Moreno Rejon, "Seeking the Kingdom and its Justice: The Development of the Ethic of Liberation." eds. Dietmar Mieth Jacques Pohier *Concilium The Ethics of Liberation--The Liberation of Ethics* (Edinburgh:T.&T. Clark Ltd, 1984) 37.

54) Ada Maria Isasi-Diaz and Yolanda Tarango, *Hispanic Women Prophetic Voice in the Church--Toward a Hispanic Women's Liberation Theology* (San Francisco: Harper&Row, 1988) 1.

료를 중심으로 이 용어를 살펴본다. 또한 알로이시오 피에리스, 후안 루이스 세군도, 로저 L. 신, 호세 미구에즈 보니노의 저작을 통해 이데올로기의 개념을 살펴본다.

2. 이데올로기 이해

1) 이데올로기의 정의

이데올로기란 무엇인가? 이데올로기의 정의에 대한 합의는 없다. 이데올로기라는 단어에는 많은 의미가 있다. 스리랑카의 신학자 알로이시우스 피에리스는 이데올로기에 대한 자신의 견해를 다음과 같이 설명한다: (1) 세계관, (2) 본질적으로 프로그램적인 것, (3) 사회 정치적 질서 속에서 투쟁 없이 실현될 수 없는 이 세상의 미래, (4) 특정 분석 도구 또는 자체 전제에 기반한 분별 방법의 도움으로 실현될 수 있는 것, (5) 자신의 본질적 성격에 의해 표현하고자 하는 진리에 의해 초월될 것을 요구하는 것 등이 그것이다. 그는 "이데올로기는 정신-영적 영역의 수반되는 변화와 함께 사회-정치적 질서의 급진적 개선이라고 생각하는 것에만 관심이 있다"고 결론을 내린다.55)

라틴 아메리카의 신학자 후안 루이스 세군도는 그의 저서 『신앙

---

55) Aloysius Pieris, *An Asian Theology of Liberation* (Maryknoll: Orbis Books, 1992) 24-25.

과 이데올로기』에서 이데올로기를 어떤 목표를 달성하기 위한 모든 수단 체계로 정의한다.56) 그는 신앙과 이데올로기를 흥미롭게 구분한다. 그는 하나님의 계시와 역사 속의 사람에 대한 인식이라는 역사적 맥락에서 이 두 용어를 구별하려고 노력한다. 그는 이렇게 말한다, "우리의 이론은 ... 우리가 신앙에서 받아들이는 하나님에 대한 개념과 끊임없이 변화하는 역사에서 우리에게 다가오는 문제들 사이에 빈 공간이 있다고 가정한다. 따라서 우리는 하나님에 대한 우리의 개념과 현실의 역사 문제 사이에 다리를 놓아야 한다. 이 다리는 잠정적이지만 필요한 수단과 목적의 체계를 말하면서 이를 우리는 이데올로기라고 부른다.57) 세군도는 이데올로기라는 단어의 사용을 뒷받침하기 위해 성경에 나오는 사례를 제시한다. 그는 이렇게 말한다. 약속의 땅에 도착한 이스라엘 백성을 생각해 보라. 그들에게 이스라엘의 적을 몰살하는 것은 구체적으로 하나님이 누구이신지, 특정한 역사적 상황에서 하나님이 무엇을 명령하시는지를 깨닫는 가장 명확한 방법이었다. 따라서 원수 멸절은 비판적 사고가 있든 없든 그 당시의 역사에서 신앙이 채택한 이데올로기였다. 역사의 특정 순간을 언급하면서 세군도는 이데올로기와 신앙의 관계를 나타낸다.58)

신앙은 주체이고 이념은 신앙의 대상이다.59) 그렇다면 이데올로

---

56) Arthur F. McGovern, *Liberation Theology and Its Critics* (Maryknoll: Orbis Books, 1990) 40.

57) Juan Luis Segundo, *Liberation of Theology* (Maryknoll: Orbis Books, 1991) 116.

58) Segundo, 116.

기가 주체가 될 수 있는가? 나는 이데올로기가 특정한 신앙을 채택할 수 있다고 가정하는 것이 가능하다고 생각한다. 시간의 흐름에 따른 신앙과 이념의 관계, 즉 주-객 관계는 서로 바뀔 수 있다. 그러나 그 둘은 하나가 아니다. 기능도 다르고 성격도 다르다.60) 필자가 보기에 이데올로기는 사회적 표현의 전체 체계, 즉 세상을 바라보는 다양한 방식과 이 세상에서 인간이 처한 상황에 관한 의식이다. 이데올로기를 전체 관념 체계로 정의한다면, 이러한 관념은 세계에 대한 객관적인 표현은 아니지만 그 존재는 실재한다. 세계에 대한 이러한 관념은 주어진 관점에서 주관적이다. 이런 의미에서 라틴 아메리카의 또 다른 신학자 호세 미게즈 보니노는 "이데올로기는 '공중에 떠다니는' 것이 아니라 이데올로기에 의해 조건화되고, 조건화되는 사회 집단과 계급의 실제 존재와 관련이 있다"고 말한다. 이데올로기는 사회에서 실제로 이루어지는 관계를 표상 수준에서 (따라서 반드시 합리적인 방식으로 표현하는 것은 아님) 표현한다.61)

2) 이데올로기의 역할

미국의 신학자 로저 신은 이데올로기의 역할을 명확히 설명한다. 칼 마르크스가 주장하고 칼 만하임 등이 정교하게 설명한 한 가지 의

---

59) Jong-Sun Noh, *Liberation God for Minjung* (Seoul: Hanul Academy, 1994) 122.
60) Noh, Ibid.
61) Jose Miguez Bonino, *Toward a Christian Political Ethics* (Philadelphia: Fortress Press, 1983) 52.

미에서 이데올로기는 거짓 의식이다. 특권적 지위를 지키려는 개인
이나 사회 집단의 노력으로 인해 현실이 왜곡되는 것이다. 이러한 왜
곡된 인식은 다른 사람이나 사회 집단을 희생시킨다.62)

따라서 이데올로기의 역할 중 하나는 현실을 왜곡하는 것이다.
이데올로기는 사람들의 열망을 왜곡하는 강력한 기능을 한다. 이데
올로기는 때때로 잘못된 의식이나 현재 현실의 왜곡을 나타내는 데
사용되기도 한다. 로저 신은 그런 의미의 이데올로기의 부정적 역할
을 말한다. 이는 지적으로 오류가 있고 윤리적으로도 잘못된 것이
다.63)

한편 로저 신은 이데올로기의 또 다른 긍정적 역할에 주목한다.
그는 점차 더 일반적인 의미가 된 두 번째 의미에서 이데올로기는 행
동을 안내하는 데 도움이 되는 사회와 세계에 대한 일련의 개념 또는
그림이다. 그것은 사람들이 기대치를 투영하고 목적을 달성하기 위
해 행동하는 방법을 선택하는 데 도움이 된다.64)

이러한 의미에 따라 이데올로기는 특정한 삶의 방식을 조장하며
행동 지침이라고 말할 수 있다. 이런 의미에서 모든 사람과 모든 집
단은 이데올로기를 가지고 있으며, 이것이 그리스도인으로서 우리의
행위, 이데올로기, 신앙의 관계에 대해 탐구해야 하는 이유이다. 행
동이 없는 믿음은 아무 의미가 없기 때문에 이데올로기는 믿음과 행

62) Roger L. Shinn, *Forced Options* (Cleveland: The Pilgrim Press, 1991) 230.
63) Shinn, 231.
64) Ibid.

동을 분리할 수 없다. 신앙, 이념, 행동은 본질적으로 하나의 연속체
이며, 각각 다른 위치와 역할을 가지고 있다. 이런 점에서 신앙과 관
련하여 이데올로기의 역할은 단순히 세상을 해석하는 것이 아니라,
역사에 존재하는 억압으로부터 해방시키는 신에 대한 믿음에 따라
세상을 변화시키는 것이어야 한다. 다시 말해, 이데올로기의 기능은
신앙을 억압받는 사람들과 소외된 사람들을 해방시키는 행동으로 옮
기는 것이다.

알로이시우스 피에리스는 이데올로기가 (긍정적인 의미에서) 해방
적인 측면을 가질 수도 있고 (부정적인 의미에서) 노예적인 측면을 가질
수도 있다는 사실을 관찰했다. 오늘날 사회의 규범적 또는 통용되는
이데올로기는 해방적이지 않다. 따라서 이데올로기는 폭로와 수정의
과정을 거쳐야 한다는 것이다.[65] 규범적 이데올로기는 편견과 왜곡,
기만으로부터 해방된 해방적 이데올로기, 즉 억압받는 사람들의 해
방에 기여할 수 있는 이데올로기가 되기 위해 수정과 비판을 받아야
한다.

3. 아시아의 상황에서의 이데올로기 이해

1) 국가 안보 이데올로기
아시아 역사에서 이데올로기는 지배 계급이 자신의 특권적 지위

---

65) Noh, 129.

를 정당화하기 위해 사용되었다. 지배 이데올로기는 현실에 대한 부분적인 이해가 아니라 정상적인 이데올로기, 올바른 이데올로기, 유일한 이데올로기로 제시된다. 지배 이데올로기의 가장 심각한 용도는 사람들을 억압하는 정치 체제를 정당화하는 데 사용되는 가치, 신념 및 관행의 합창을 확립하는 것이다. 잘못된 의식을 만들어내는 이 지배 이데올로기가 바로 개발과 국가 안보의 이데올로기이다.66) 제3세계의 국가들은 군사화 과정을 조장하고 있다. 사실 개발과 국가 안보 이데올로기는 아시아의 지배자들에게는 도움이 되지만, 민주적 권리를 지키고 변화를 위한 대중적 행동을 추구하는 사람들에게는 장애물이 되고 있다.

안보와 개발 이데올로기는 아시아의 경제 발전 정치를 뒷받침하는 것으로, 과학과 기술의 결실을 체계적으로 적용하여 경제 성장에 전념하는 기술 엘리트의 발전에 달려 있다. 이 권력 엘리트는 반동적 민족주의, 공산주의, 반공주의 등 그 과정을 정당화하기 위해 어떤 형태의 메시아적 언어를 필요로 한다. 이런 의미에서 정치는 경제 발전 과정에서 도구화되며, 이는 권력 정치 자체의 기술주의화로 이어진다. 군사적, 정치적, 경제적 기술 권력의 세 가지 표현은 모두 서로 얽혀 있으며, 이 권력은 다른 사회적, 문화적 가치와 제도를 지배한다.67) 국내 지배 세력은 강력한 보안과 안정성이 요구되는 과도기적

---

66) Changwon Suh, *A Formulation of Minjung Theology: Toward A Socio-Historical of Asia* (Seoul: Nathan Publishing Co., 1990) 223.
67) Suh, 224.

기업과 협력하여 노동조합의 방해를 받지 않는다. 경제 발전의 기본 논리는 국민을 위한 것이라는 것이었다. 그러나 경제 발전 과정에서 국민은 계획 수립은 물론 임금 및 이익 분배와 관련된 결정을 포함한 모든 의사 결정에서 항상 배제된다. 그 결과 부자는 더 부자가 되고, 정부는 점점 더 많은 지출을 하고, 가난한 사람들은 더 가난해진 다.68)

2) 민족-종교 이데올로기

민족-종교 이데올로기는 종교적 근본주의와 혼합된 민족 중심주의가 존재하는 오늘날 아시아에서 또 다른 중요한 문제이다. 필리핀 신학자 왕 시엔 치에 따르면 종교 근본주의는 아시아에서 매우 중요한 문제이며, 특히 티베트, 타밀, 대만, 시크교, 팔레스타인 전통과 아시아의 구소련 공화국에서처럼 독립된 국가 정체성을 추구하는 정치, 권력, 민족 정체성과 연결될 때 더욱 그러하다.69)

수세기 동안 종교 근본주의자들은 자신의 민족적 정체성과 안보를 위해 끔찍한 전쟁을 벌여왔다. 고유한 종교를 가진 민족 집단이 정치적 독립과 경제적 정의를 위해 투쟁하고 있는 것은 분명하다. 예를 들어, 티베트 지역에서 구소련 아시아에 이르기까지 '정의로운 전

---

68) Ibid.
69) Hsien-Chih Wang, "The Problem of Religious Fundamentalism in Relation to Ethnicity, Poverty and Ideology: An Asian Perspective, 42 *Reformed World* (1992):25.

쟁' 또는 '거룩한 전쟁'이 계속해서 벌어지고 있다.

　더 시급한 문제는 중국에서 인도, 스리랑카, 파키스탄에 이르기까지 종교적 근본주의와 혼합된 민족 중심주의가 만연하고 있다는 점이다. 특히 한국에서는 성경을 문자적으로 해석하는 종교 근본주의가 정부를 무조건적으로 지지하고 있다. 대부분의 한국 기독교인들은 정치적으로나 경제적으로 현 상태를 정당화하는 메커니즘이 하나님에 의해 확립되었다고 이해한다. 따라서 종교적 근본주의는 국가 안보 이데올로기에 기여한다.

　아시아 교회는 국가 안보 이데올로기와 민족-종교 이데올로기의 발전을 비판할 필요가 있다. 그러나 아시아 교회는 이러한 지배 이데올로기에 맞서기 위한 기독교 교리를 만들어내지 못하고 있다. 이것이 오늘날 현대 아시아 신학자들의 과제이다.

4. 아시아 신학의 이데올로기와 해방에 대한 이해

1) 빈곤 극복

　제3세계 신학자협회(EATWOT)의 성명서 "관계적 신학을 향하여"는 아시아 신학의 주요 모티브로서 해방을 강조하는 것으로 시작한다.[70] 해방의 의미를 알기 위해서는 아시아의 사회 정치적, 종교 문

---

70) The full text may be found in Virginia Fabella, ed., *Asia's Struggle for Full Humanity.* (Maryknoll: Orbis Books, 1980), 56-58.

화적 측면을 알아야 한다. 사회 정치적 측면에서 대부분의 아시아 국가는 신식민지 착취와 군사 독재로 인해 빈곤, 기아, 억압에 빠져 있다. 식민주의 시기는 공식적으로 수년 전에 끝났지만, 많은 국가의 비권력 엘리트들은 자본주의와 함께 억압적인 문화 및 경제 제국주의를 형성하는 신식민주의가 존재한다고 느끼고 있다.

현재 시대에는 과거 식민지 지배자들이 가졌던 권력을 소수의 지배 엘리트들이 가지고 있다. 사실상 권력의 분배는 존재하지 않았다. 인도 독립 준비 선언문은 이를 이렇게 표현한다. 우리의 독립 운동은 사회 혁명 없이 권력의 이양으로 끝났다. 퇴장하는 식민지 권력의 이해관계에 경제적 이해관계가 결합된 서구화된 엘리트가 후계자가 되었다. 사실상 모든 것을 그대로 유지하는 것이 그들에게 유리했다.[71] 이것은 신식민주의가 소수의 권력 및 경제 엘리트와 수많은 가난한 사람들에게 의존하는 많은 아시아 국가들에 대해 말할 수 있다.

대부분의 아시아 신학자들은 아시아의 빈곤 문제를 해결해야 할 필요성을 인식하고 있다. 한국 신학자 서창원 교수에 따르면, 빈곤 문제를 해결하기 위해 지지되는 방법론은 다섯 가지 신학적 접근 방식에 의존한다. 첫째, 순수 종교-문화 유형은 린 드 실바(Lynn de Siba), 스탠리 사마르타(Stanley J. Samarta), 라이문도 파니카르 (Raimundo Panikkar), 그리고 인도-스리랑카 지역에 속하는 대부분

---

71) Asian Report Group. "Toward a Relevant Theology in Asia." *Irruption of the Third World* eds., Fabella, Virginia and Sergio Torres, (Maryknoll: Orbis Books, 1983) 63.

의 신학자들의 연구로 대표된다. 이들의 신학적 관심사는 종교 간 대화에 관한 것이다. 이들의 중요한 한계는 신학에서 사회 정치적 언급이 부족하다는 것이다. 둘째, 종교-역사적 유형은 리엔지 페레라(Rienzie Perera), 알로시우스 피에리스(Aloysius Pieris), 고스케 고야마(Kosuke Koyama) 등이 지지하는 유형으로, 현대 아시아 역사적 맥락의 관점에서 '아시아 종교성'의 문제를 다루기 때문에 종교-문화적 유형보다 더 폭넓은 접근 방식을 가지고 있다. 셋째, 순수 사회 정치 유형은 에디시아 데 라 토레(Edicia de la Torre)와 카를로스 아베사미스(Carlos H. Abesamis)가 지지한다. 대부분의 필리핀 가톨릭 신학자들은 라틴 아메리카 해방 신학자들의 접근 방식과 비슷한 이 유형에 속한다. 넷째, 사회 문화적 유형은 프레만 나일스(Preman Niles)와 송 (C.S. Song)으로 구성된다. 사회 정치적 해방에 대한 그들의 접근 방식은 아시아적 영성을 가진 신학을 하는 것에 달려 있다.

　그러나 이들의 영성에 대한 이해는 민중들의 사회 역사적 경험을 고려하지 않기 때문에 형이상학적인 경향이 강하다. 다섯째, 사회역사적 유형에는 티사 발라수리야(Tissa Balasuriya), 앙리엣 마리안느 카토포(Henriette Marianne Katoppo), 김용복 등 한국의 민중 신학자들이 포함된다. 이들의 방법은 아시아 민중들의 종교 문화적 표현과 사회적 그리고 정치적 상황 사이의 창조적 긴장을 놓치지 않으면서도 그들의 사회 역사적 경험을 고려한다. 이들에게 신학을 하는 주체는 아시아의 사회 역사적 상황 속에서 주체성을 경험하는 아시아 민중이며, 또 그래야만 한다.72)

필자는 사회사적 접근과 종교사적 접근에 집중하는 것을 선호한다.[73] 사회사적 접근법에서 신학자들은 비판적 사회 이론을 그 방법의 일부로 포함시키는데, 여기에는 두 가지 목표가 있다: (1) 본질적인 현실을 인식하고 (2) 대안을 모색하는 것이다. 사회 분석을 방법의 일부로 사용하는 대부분의 아시아 신학자들은 자본주의의 갈등과 아시아에서 신식민주의의 영향력을 인식하는 것을 신학의 기능 중 하나로 간주한다. 예를 들어, 현대 스리랑카 신학자인 티사 발라수리아(Tissa Balasuriya)는 아시아 빈곤의 원인이 신식민주의의 부산물이며 자본주의로 인한 갈등과 억압에 있다고 지적한다. 그는 일반적으로 아시아에서 사회 분석이 신학적 성찰의 기본 요소로 받아들여지고 통합되지 않았다는 점을 지적하며 아시아 신학이 사회 분석을 받아들여야 한다고 제안한다.

스리랑카의 신학자 알로이시우스 피어리스(Aloysius Pieris)가 예로 든 종교-역사적 유형은 아시아의 종교성을 아시아의 역사적 맥락과 연관시켜 빈곤 문제를 다룬다. 그는 아시아 사람들이 사회 정치적 방법만으로는 빈곤에서 해방될 수 없다고 주장한다. 그에게 빈곤은 소유욕과 탐욕이 만들어낸 상태이다. 따라서 빈곤을 없애기 위해서는 모든 물질적 진보가 비취득과 나눔의 이상에 의해 절제되어야 한다. 아시아에서 빈곤의 반의어는 부(富)가 아니라 부를 반종교적으로

---

72) Suh, 218.

73) Virginia Fabella, ed., *Asia's Struggle for Full Humanity* (Maryknoll: Orbis Books, 1981) 24. 나는 파벨라의 분석과 논의를 바탕으로 종교역사적, 사회역사적 접근에 대한 논의를 진행한다.

만드는 탐욕 또는 획득주의이다. 빈곤으로부터의 해방은 맘몬을 극복하기 위한 투쟁을 통해 추구되어야 한다.

　아시아의 빈곤을 해결하기 위한 접근법을 모색할 때 사회적 요인과 개인적 영향에 따라 다양한 견해가 존재한다는 것을 알 수 있다. 사회-역사적 유형과 달리 종교-역사적 유형은 사회의 근본적인 변화보다 개인의 태도와 사고의 변화를 더 강조한다. 아시아의 빈곤은 사회-정치적 환경과 종교-문화적 환경이 복합적으로 얽혀 있기 때문에 사회-역사적 유형과 종교-역사적 유형에 대한 성찰도 함께 시도해야 한다고 생각한다. 즉, 사회적 측면과 개인적 측면을 아우르는 총체적인 관점을 갖도록 노력해야 한다.

　아시아 이데올로기는 다양한 출처에서 공급되는 흐름이다. 그 중심에는 대부분의 아시아 국가가 신식민지 착취와 군사 독재로 인해 가난하고 억압받고 있다는 관념이 있다. 이 시점에서 아시아 사람들의 사회 역사적 경험은 자유와 해방을 위한 투쟁이라는 공통의 목표를 가지고 있기 때문에 토착 종교 문화적 영성과 세계 변화를 위한 해방적 사회 정치적 실천의 통합자가 될 수 있다.74)

　필리핀 신학자 카를로스 아베사미스(Carlos H. Abesamis)는 이를 다음과 같이 설명한다. 만약 누군가가 행동과 신학에서 인간 해방에 관심을 갖고, 자신의 행동과 신학이 가난한 자의 입장과 그 역사에서 나온다면, 그러한 행동과 신학은 아마도 토착화될 가능성이 높다. 구

---

74) Suh, 219-20.

체적인 아시아인의 구체적인 삶과 투쟁에 대한 헌신과 참여는 우리
의 신학이 해방적이면서도 토착적인 신학이 될 수 있도록 보장한
다.75) 이와 관련하여 아시아 신학의 출발점은 아시아 민중의 해방
실천, 즉 해방을 위한 운동으로 조직된 열망의 구체적 표현으로서의
힘일 것이다.76)

2) 서구 기독교의 아시아 토착화

대부분의 아시아 국가들의 종교 문화적 측면을 분석해 보면 다양
한 종교와 철학을 따르고 있음을 알 수 있다. 세계의 위대한 종교 중
상당수가 아시아에서 시작되었다: 서아시아의 유대교, 기독교, 이슬
람교, 남아시아의 힌두교, 불교-자이나교, 조로아스터교, 동아시아
의 유교, 도교, 신도교. 등이다.77)

기독교는 아시아에서 시작되었지만 아주 일찍 아시아를 떠났고,
몇 세기 후 서구화된 이방인이자 '침입자'로서 아시아가 지속적으로
거부해 온 채로 다시 돌아와야 했다. 이러한 이유로 기독교인은 아시
아 인구의 극소수에 불과하다.78)

흥미롭게도 한국에서는 그 비율이 상당히 다르다. 한국 인구의

---

75) Fabella, 134.
76) Suh, 220.
77) Samuel Rayan, "Reconceiving Theology in the Asian Context," in
   Doing Theology in a Divided World eds., Fabella and Torres
   (Maryknoll: Orbis Books, 1985) 126.
78) Aloysius Pieris,_*An Asian Theology of Liberation* (Maryknoll: Orbis
   Books, 1988) 74.

많은 퍼센트가 스스로를 기독교인이라고 밝히고 있다. 아시아 국가들과 달리 한국의 기독교 인구가 많은 것은 세속적인 축복을 바라는 신앙관 때문이다. 예수를 믿는다는 것은 이 땅에서 잘 사는 것을 의미한다. 대부분의 한국 기독교인들은 하나님이 경제적, 정신적 복을 주신다고 믿는다. 분명히 이것은 서양 선교사들의 가르침이다. 서구 선교사들은 교회와 신앙은 사회 문제가 아닌 개인의 문제를 해결해야 한다고 가르쳤다. 이러한 생각은 사람들에게 종교적 보수주의를 형성하는 데 영향을 미쳤다.

기독교의 소수자 지위에 대한 책임은 아시아의 식민지 과거와의 연관성으로 인해 더욱 복잡해졌다. 서양 선교사들은 동양으로 오는 무역선에 동행했다. 선교사들은 식민지 정부와 공생하면서 특권적인 지위를 유지할 수 있었다. 기독교는 식민지 정부와 강력한 지배 국가로부터 지원을 받았기 때문에 아시아에서 기독교로 개종한 사람들은 주로 중산층과 지배 엘리트 출신이었다.

오늘날 아시아 신학자들은 서구 기독교가 중산층과 동맹을 맺고 아시아 토착 종교를 우상 숭배로 취급해왔다고 비판한다. 이러한 비판은 아시아의 위대한 종교의 전통을 재검토하게 만들었다. 현재 이러한 종교는 정의에 대한 새로운 강조로 인해 부활을 경험하고 있다. 더 이상 서구의 기독교는 역사적이고 생명을 긍정하는 종교, 아시아의 토착 종교는 비역사적이고 생명을 부정하는 종교로 분류하는 것은 불가능하다.

아시아의 위대한 종교인 불교, 힌두교, 도교의 전통은 해방을 개인적 차원뿐만 아니라 사회적 차원에서도 이기심으로부터의 해방으로 이해한다.79) 아시아 사람들의 종교 문화적 초월 경험은 고통과 불행으로 가득 찬 이 세상의 현실에 대한 급진적인 부정으로 해석되어야 한다.80) 해탈을 추구하는 과정에서 이 세속적 현실에 대한 부정에는 두 가지 유형이 있는데, 1) 사람들이 사회 정치적 책임을 망각하게 되는 경우와 2) 탈춤, 이야기, 노래, 시 등과 같이 사람들의 사회적 전기 측면에서 이 세상에서 직접 싸우지 않고 문화 작품에서 해탈을 위한 투쟁에 참여하는 경우이다. 두 가지 접근 방식에서와 마찬가지로, 대부분의 아시아인들은 각자의 종교와 문화 속에서 사회 정치적 불의에 맞서 자유를 위해 계속 투쟁하고 있다.81)

아시아에서의 해방은 서구 기독교로부터의 독립을 포함한다. 현재 진정한 의미의 아시아 기독교가 등장하기 시작했다. 아시아 기독교의 주요 특징은 다음과 같다: 아시아 기독교는 선교사들의 노력으로 발전해 왔으며 다원주의적 종교 환경에서 존재한다. 아시아 기독교는 성경을 문자 그대로 해석한다. 아시아 기독교에서 발견할 수 있는 공통적인 특징이 있지만, 기독교를 표현하는 방식에는 국가마다 상당한 차이가 있다는 점도 중요하다. 그러나 전체적으로 아시아 기독교의 뿌리가 서구 기독교에서 발견된다는 것은 의심의 여지가 없다. 따라서 대부분의 아시아 신학자들은 서구 형이상학 중심의 신학

---

79) Fabella, 157.
80) Suh, 216.
81) Ibid.

제국주의의 지배에 맞서 싸우기 위해 종교 문화적 차원을 강조한다.

아시아 신학자들은 각 민족의 종교와 문화 속에서 서구의 신학
적 제국주의를 타파하는 동시에 토착화의 측면을 발전시키는 데 도
움이 되는 식별적 요소를 찾기 시작했다. 대부분의 아시아 신학자들
은 예수를 이해하고 설명하기 위해 불교, 도교, 힌두교에서 발견되는
요소를 사용한다. 불교가 지배적인 동북아시아에서 예수는 깨달음을
추구하는 인간과 함께 고통받기 위해 자신의 깨달음을 미루는 보살
로 묘사된다. 이슬람이 지배적인 동남아시아에서 예수는 제자들에게
예언자적이면서도 신비로운 하나님과의 연합의 삶을 보여주는 구루
로 묘사된다. 힌두교가 지배적인 중앙아시아 남부에서 예수의 삶은
이상적인 힌두교적 삶의 모습이며, 힌두교의 구세주인 아바타
(avatar)로 성육신한다.82) 아시아 신학자들은 또한 신비적 또는 부활
하신 그리스도가 역사적 예수와 동일한 자질을 가지고 있다고 강조
한다. 예수에 대한 이러한 접근 방식은 원으로 도표화할 수 있다. 그
중심에는 성육신이 있다. 성육신에서 보살, 구루, 아바타로서의 예수
등 아시아의 전통을 통해 성육신을 해석하는 다양한 기독론이 등장
하고 있다.83)

아시아에서는 서구 기독교와 빈곤으로부터의 해방이 "온전한 인
간성"84)으로 이어질 것이다. 그 온전한 인간성은 정치적, 경제적, 종

---

82) Priscilla Pope-Levison and John R. Levison, *Jesus in Global Contexts*
(Westminster: John Knox Press, 1992) 59.
83) Pope-Levision, 60.

교 문화적 차원에서 온전히 살아가는 모든 사람을 의미한다.

5. 아시아 해방 윤리의 이데올로기 이해

1) 해방 이데올로기를 향하여

아시아의 상황에서 지배 이데올로기는 자신의 정치 권력을 위해 현실을 왜곡하는 통치자의 선전을 통해 강력하게 기능한다. 이는 다른 국가에 대한 의존으로 인해 아시아의 저개발과 빈곤을 초래하고 유지해 왔다. 라틴 아메리카 신학자, 프란시스코 모레노 레존(Francisco Moreno Rejon)은 이러한 억압적인 상황이 보다 효과적인 행동 기준을 제공해야 하는 해방 윤리에 영향을 미친다고 지적한다. 모든 성찰은 조건화뿐만 아니라 윤리적 방법론적 선택으로도 완전히 이해되어야 하는 특정한 역사적-사회적 좌표의 설정에서 이루어진다.[85]

지배 이데올로기의 영향으로 아시아인들은 자신의 삶을 이끌어야 할 가치와 규범에 대해 혼란을 겪고 있다. 예를 들어, 아시아인들은 개발주의나 자본주의의 분위기 속에서 인간의 존엄성보다 돈을

---

84) "온전한 인간성"이라는 주제는 1979년 스리랑카(Sri Lanka) 웨나푸와(Wennappuwa)에서 열린 EATWOT 회의의 초점이었다. Fabella, *Asia's Struggle for Full Humanity* (Maryknoll: Orbis Books, 1981) 122.

85) Francisco Moreno Rejon, "Seeking the Kingdom and its Justice: the Development of the Ethic of Liberation" *Concilium, the Ethics of Liberation-The Liberation of Ethics* eds., Dietmar Mieth and Jacques Pohier (Edinburgh: T&T Clark Ltd, 1984) 37.

더 중요하게 여기는 경향이 있다. 많은 아시아인들은 경제개발주의 하에서 사람들이 공정한 임금을 받지 못한다는 사실을 무시하는 것을 선호하는 것 같다. 대부분의 아시아 국가들은 신제국주의 환경에서 스스로 결정을 내릴 수 있는 실질적인 능력을 갖고 있지 않다.

개발이념 하에서는 도시와 농촌의 환경간 격차가 크다. 청년들은 시골 생활보다 도시 생활을 더 좋아한다. 청년들은 농촌의 농업에 관심이 없다. 청년들이 농촌을 떠나면서 도시와 농촌의 삶의 격차가 더욱 벌어지고 있다. 그들은 농업보다 산업에서 더 많은 돈을 벌기 때문에 제조업에 매력을 느낀다. 억압받고 박탈당한 사람들은 그들의 정부나 교회를 믿지 않는다. 대부분의 교회는 엘리트의 기득권을 위해 봉사함으로써 그들의 착취력을 강화한다.

아시아에서 이데올로기의 기능은 새로운 입장을 취해야 한다. 강자와 약자 사이의 갈등의 관점에서 사람들의 세계를 바라보고, 약자의 편에 서서 약자의 입장에서 현실을 분석하고, 이를 식별하는 것의 해방을 위한 투쟁에 그들과 함께 참여해야 한다.86) 시민의 해방, 억압받는 사람들, 권력자들에게 착취당하는 사람들의 해방을 위해 우리의 이념이 바뀌어야 한다는 것이다. 엔리케 뒤셀(Enrique Dussel)에 따르면, 해방 윤리는 가난한 사람들에 대한 책임의 요구와 관점에서 도덕적 문제 전체를 다시 생각하는 것이다.87)

---

86) Suh, 211-12.

87) Enrique Dussel, "An Ethics of Liberation: fundamental hypotheses" *Concilium, the Ethics of Liberation--The Liberation of Ethic* eds., Dietmar Mieth and Jacques Pohier (Edinburgh: T.&T. Clark Ltd.,

2) 아시아 해방 윤리를 향하여

이러한 이념과 관련된 문제에 주목하면서 우리의 윤리는 예언적인 의미로 이해되어야 한다. 우리의 신학적 입장은 우리를 무관심하게 만들 수 없다. 오히려 '그러면 우리는 어떻게 해야 하나?'(사도 2,36-8)라는 질문을 항상 불러일으켜야 한다. 이것이 바로 해방 윤리가 자연주의 오류에 갇혀 있는 수많은 윤리 이론의 무익함을 넘어서는 방법이다. 예언 신학은 지적 영역뿐만 아니라 실천 영역에서도 도전을 제기해야 한다. 이에 대한 대응은 윤리적인 것, 즉 해방의 실천이어야 한다.88)

필자는 예언적 의미에서 아시아 해방윤리를 다음과 같이 구축할 것을 제안한다. 아시아 해방윤리의 주체는 가난하고 궁핍하고 억압받는 아시아 민족이어야 한다. 아시아 해방 윤리는 온전한 인간성과 해방을 향한 아시아 민족의 경험을 말하는 윤리여야 한다. 아시아 해방 윤리는 가난한 사람들의 이익에 봉사해야 한다. 가난한 사람들은 자신의 운명을 설계하고 건설하는 사람이 되도록 하나님으로부터 부르심을 받았기 때문이다. 실제로 해방을 위해 투쟁하는 아시아 공동체는 해방과 정의, 평등을 위해 노력하는 아시아인들의 구체적인 투쟁 속에서 자신의 자기 이해를 발견했다. 그러므로 아시아 해방윤리는 주체로서의 시민을 향해 나아간다. 복음은 모든 사람들에게 선포

1984) 58.
88) Rejon, 36.

되어야 하고 사회 봉사는 해방과 인간 존엄성을 위해 투쟁하는 사람
들과 함께한다.89)

아시아 해방 윤리는 각 공동체의 구성원들이 규칙을 만들어야 하
며, 규칙은 지속적으로 평가될 수 있고 평가되어야 한다는 원칙을 구
현한다. 이런 점에서 아시아 해방윤리는 아시아 주요 종교에 접목되
어야 한다. 즉, 아시아 해방 윤리는 온전한 인류애를 위한 시민의 투
쟁에 대한 행동과 헌신이라는 측면에서 시민의 삶에 매우 중요한 아
시아 주요 종교의 통찰력과 가치를 통합해야 한다. 아시아 해방 윤리
의 핵심 원칙은 온전한 인간성이다. 따라서 기독교와 모든 종교인은
온전한 인류의 발전에 무엇을 기여할 수 있는지 살펴봐야 한다.

아시아 해방윤리는 소위 지배 이데올로기의 문제를 비판적으로
고려한다. 왜냐하면 통치자는 자신의 권력과 지위가 시민을 대상으
로 전제하기 때문에 명백히 시민을 경멸하기 때문이다. 집권 정치권
력은 이러한 견해를 정당화한다. 아시아 해방 윤리는 지배자의 지배
이데올로기와 언어를 받아들이기를 거부한다. 왜냐하면 이 언어는
억압적이고 착취적인 권력 관계만을 합리화할 뿐이기 때문이다.

아시아 해방 윤리는 개인이 해방을 위해 일어서서 싸워야 하는
책임을 강조한다. 특히 아시아의 기독교 공동체는 자신들의 해방을
위한 투쟁에 적극적으로 참여할 필요성을 신앙 안에서 발견해야 한
다. 이런 점에서 아시아 해방윤리는 권력, 사회적 책임, 성차별, 폭력

---

89) Fabella, 156.

과 관련된 많은 윤리적 문제를 제기한다. 아시아 해방 윤리는 해방의 기독교 실천을 형성하는 도덕적 선택, 태도 및 가치를 공식화하는 것을 목표로 설정한다.[90]

아시아 해방윤리는 "우리 자신을 해방시키면서 어떻게 선해질 수 있는가?"라는 근본적인 질문을 다루어야 한다. 명령은 선하다는 것뿐 아니라 우리 자신을 해방시키는 행동에도 있다. 필자는 아시아 해방 윤리가 아시아의 핵심 문제인 착취당하는 대다수의 사람들이 겪고 있는 빈곤, 약탈, 억압, 죽음의 상황을 해결하는 데 도움이 되어야 한다고 믿는다.

아시아 해방 윤리는 다가오는 하나님의 나라에서 아시아의 억압받는 민족을 형제자매로 받아들여야 한다고 주장한다. 지배 세력이 억압받는 사람들의 온전한 인간성을 인정하지 않는다는 사실은 그리스도인들이 가난한 사람들을 위해, 억압자들에 맞서는 편을 들 수밖에 없다는 사실을 분명히 보여준다. 이는 광신적이지 않고 가난한 사람들을 찾는 일에 우선순위를 두어야 한다는 뜻이다. 아시아 해방윤리는 가난한 이웃을 주요 기준으로 삼는다. 아시아 해방윤리의 목적은 평등, 평화, 정의에 기초한 새로운 세계 질서를 건설하는 것이다. 이를 위해 아시아 해방 윤리는 가난한 이들을 위한 하나님의 우선적 선택을 말하는 정의와 관계의 치유를 추구한다. 아시아 해방윤리는 살아계신 하나님과 가난한 자와의 관계, 가난한 자와 살아계신 하나

---

90) Suh, 211-212.

님의 관계를 전제하는데, 이는 구체적으로 성경과 신학이 다루고 있는 내용이다. 그러므로 우리는 해방의 이념이 무엇인지, 그리고 그 속에서 기독교의 역할이 무엇인지를 분명히 하는 작업을 계속해야 한다.

6. 결론

이데올로기의 내용은 매우 다양하지만, 모든 이데올로기는 일반적으로 해방적인 측면과 노예화하는 측면을 가지고 있다. 아시아를 지배하는 이데올로기는 개발주의, 국가 안보, 민족 –종교적 이데올로기로서 우리 고유 문화와 토착 종교를 폄하한다. 이러한 이데올로기는 허위의식을 조성하고 지배계급의 특권적 지위를 정당화한다. 그러나 해방을 위해 헌신하는 사람들은 대부분의 시민이 사회정치적, 종교 문화적 이유로 고통받고 있는 빈곤을 인식하고 그에 맞서 투쟁하는 이념을 받아드려야 한다. 나아가 빈곤과 서구 기독교로부터의 해방은 온전한 인간성을 실현하는 것으로 묘사될 수 있다. 아시아에서 온전한 인류애를 성취하기 위해서는 아시아 해방윤리를 달성한다는 점에서 이념의 해방적 기능이 매우 중요하다. 이를 위해 우리는 해방윤리가 출현한 맥락을 충분히 인정하고 받아들여야 한다.

결론적으로 아시아 해방윤리는 신앙과 이데올로기를 잘 연관시켜야 한다. 두 가지 접근 방식이 가능해 보인다. 한 가지 방법은 오늘날의 상황과 가장 유사한 성경적 상황을 찾고, 그러한 상황에서 성경이 제시하는 이데올로기를 받아들이는 것이다. 예를 들어 출애굽기를 보면 오늘날 아시아의 상황은 히브리인들의 상황과 가까운 것 같다. 성경이 보여주는 해방의 이데올로기를 찾으려고 노력하는 것이 영감의 원천이 된다. 우리에게 복음은 과연 무엇인가를 찾을 수 있다. 복음서의 그리스도가 직면한다면 뭐라고 말하겠는가? 역사의 다양성 속에서 신앙과 현재의 문제 사이에 다리를 놓을 수 있는 어떤 이데올로기가 있어야 한다.91)

　　우리 시대와 원래 사건이 일어났던 시대 사이의 격차로 인해 첫 번째 접근 방식이 더욱 비현실적이고 반과학적이 되었다. 오히려 두 번째 접근 방식이 필요하다. 이는 창의성을 요구한다. 두 번째 접근 방식은 이데올로기를 재창조하는 것이다. 인간으로서 구체적인 역사적 맥락에서 우리 역사의 문제를 해결하는 데 필요한 이데올로기를 재창조해야 한다. 따라서 아시아 이데올로기는 억압받고 가난하고 착취당하는 사람들의 해방에 기여할 수 있도록 재창조되어야 한다. 또한, 그 이데올로기의 재창조는 필연적으로 우리를 해방 윤리로 이끌게 하며, 이는 우리 모두를 온전한 인간성으로 이끌어야 한다. 그때에야 비로소 해방을 위한 사람들, 해방을 추구하는 사람들 그리고 해방을 기다리는 사람들 모두가 이념적 유대로 함께 모일 것이다.

---

91) Juan Luis Segundo, *The Liberation of Theology* (Maryknoll: Orbis Books, 1991) 117.

Bibliography

Balasuriya, Tissa. *Eucharist and Human Liberation*. Maryknoll: Orbis Books, 1977.

Bonino, Jose Miguez. *Toward a Christian Political Ethics*. Philadelphia: Fortress Press, 1975.

Fabella, Virginia. ed. *Asia's Struggle for Full Humanity*. Maryknoll: Orbis Books, 1981.

Ginellini, Rosino. ed. *Frontiers of Theology in Latin America*. Maryknoll: Orbis Books, 1979.

Gutierrez, Gustavo. *A Theology of Liberation*. Maryknoll: Orbis Books, 1973.

Isasi-Diaz, Ada Maria and Yolanda Tarango. *Hispanic Women Prophetic Voice in the Church-Toward a Hispanic Women's Liberation Theology*. San Francisco: Harper & Row, 1988.

McGovern, Arthur F. *Liberation Theology and Its Critics*. Maryknoll: Orbis Books, 1990.

Mieth, Dietmar and Jacques Pohier. ed. *Concilium The Ethics of Liberation-The Liberation of Ethics*. Edinburgh: T.& T. Clark Ltd., 1984.

Noh, Jong-Sun. *Liberating God for Minjung*. Seoul: Hanul Academy, 1994.

Pieris, Aloysius *An Asian Theology of Liberation*. Maryknoll: Orbis Books, 1988.

Pope-Levison, Priscilla and John R. Levison. *Jesus in Global Contexts*. Westminster: John Knox Press, 1992.

Shinn, Roger L. *Forced Options*. Cleveland: The Pilgrim Press, 1991.

R. S. Sugirtharajah. ed. *Frontiers in Asian Christian Theology*. Maryknoll: Orbis Books, 1994.

Segundo, Juan Luis. *The Liberation of Theology*. Maryknoll: Orbis Books, 1991.

Suh, Chang Won. *A Formulation of Minjung Theology: Toward A Socio-Historical Theology of Asia*. Seoul: Nathan Publishing Co., 1990.

Fabella, Virginia and Sergio Torres. eds. *Doing Theology in a Divided World*. Maryknoll: Orbis Books, 1985.

Fabella, Virginia and Sergio Torres. eds. *Irruption of the Third World*. Maryknoll: Orbis Books, 1983.

Ⅳ. 동성애 그리스도인에 관한 한 단상

1. 서론

1) 동성애 차별금지 법안의 찬반 양극화

2007년부터 2020년 지금까지 포괄적 차별금지 법안이 국회의 문을 계속 두드리고 있다. 특별히 포괄적 차별금지법안 내용 안에 동성애 차별금지 조항들로 인해 개신교의 찬반 논쟁이 뜨겁다. 진보와 보수 진영으로 나눠 상반된 주장을 펴고 있다. 진보 성향의 한국기독교교회협의회(NCCK)는 "차별금지법은 성서의 약자보호법이며 모든 생명에 자유와 해방을 선포하는 기독교의 희년법과 같다"면서 이는 "기독교의 사랑과 평등의 가치를 사회에 구현하는 실질적 실천"이며 "서로의 다름을 인정하고 포용하는 사회의 기본 근간"이 된다고 강조한다. 이어 포괄적 차별금지 법안은 발의를 넘어 반드시 제정되어야 한다고 주장한다.

이에 반해 보수 성향의 개신교 연합기관인 한국교회총연합(한교총)은 포괄적 차별금지 법안에 관하여 반대 입장이 굳건하다. 이 단체는 성명에서 "포괄적 차별금지법 제정은 평등 구현의 명분과 달리 심각한 불평등과 역차별을 낳을 가능성이 크다"고 주장하면서 포괄적 차별금지 법안은 결과적으로 "동성애를 조장하고 동성결혼으로 가는 길"을 열어주면서 이와 관련해 "고용, 교육, 재화·용역, 법령 및 정책의 집행", 이 네 영역에서 폭발적인 사회적 갈등을 초래할 것이라고 힘주어 말한다.92)

정의당 장혜영 의원이 대표 발의한 포괄적 차별금지 법안은 동성애 차별금지와 관련해 우선 '성별'의 정의에 대해 "여성, 남성, 그 외에 분류할 수 없는 성"(2조 1항)으로 규정한다. 남녀 규정 이 외에의 '제3의 성'을 법적으로 인정하는 내용이다. 이는 신체적 특성에 기반한 태생적이고 이분법적인 성별 개념과 시각을 달리한 것이다. 그리고 '성적지향(sexual orientation)'은 "이성애, 동성애, 양성애 등"(2조 4항)으로 구분하면서 이는 "감정적·호의적·성적으로 깊이 이끌릴 수 있고 친밀하고 성적인 관계를 맺거나 맺지 않을 수 있는 개인의 가능성"(2조 4항)이라고 규정함으로써 이성애와 동성애, 그리고 양성애를 동등한 위치에 자리매김한다. 그리고 "성별 정체성이란 자신의 성별에 관한 인식 혹은 표현을 말하며, 자신이 인지하는 성과 타인이 인지하는 성이 일치하거나 불일치하는 상황을 포함한다."(2조 5항) 그러면서 이 법안은 성별과 성적지향 그리고 성별 정체성에 대한 이런 개념 규정에 입각해 교육, 행정, 입법 등 각 영역에서 준수할 사항을 규정한다.93)

동성애 차별을 금지하는 법안이 교육, 행정, 입법, 그리고 각 영

92) https://www.yna.co.kr/view/AKR20200630144000005?site=mapping_related
93) https://www.yna.co.kr/view/AKR20200630153400502

역에서 오히려 역차별을 주는 것이 아닌가 하면서 그 쟁점 주장들을 둘러싼 논쟁들이 여러 곳에서 나오고 있다.[94] 이런 갈등 상황에서 포괄적 차별금지 법안은 조금 더 시간을 가지고 각 여러 관련된 집단들의 중첩된 합의(overlapping consensus)[95]를 도출해 내는 공평한 절차가 요구된다고 본다. 이런 사회 갈등이 커지는 문제는 사회적 합의를 통해 원만하게 진행하는 것이 바람직하다. 서로 간의 의사를 타진하고 소통하면서 다양한 대화의 장을 통해 서로 간의 이해와 합의를 이끌어내는 민주적 과정이 우리 사회에 더욱 필요한 것이 아닐까 한다. 이러한 절차와 과정을 통해 다양한 집단들의 가치관을 자유롭게 추구하면서도 다른 집단의 기본적인 자유와 권리를 존중하는 것이 소위 "기회는 평등하고 과정은 공정하면서 결과는 정의로운 공동체"로 나아가는 것이라고 본다.

포괄적 차별금지 법안에 있는 동성애에 관련된 내용으로 인해 개신교 안에서 찬반으로 나누어지는 갈등 상황을 보면서, 필자는 교회 안에 있는 동성애 기독교인을 먼저 생각하게 된다. 여기서 동성애 기독교인이란 함은 동성애 성향(orientation)으로 인해 고민하면서 신앙 안에서 살아가려고 하는 기독교인을 말한다. 다시 말해 이 글에서 말하는 동성애 그리스도인은 동성애 성향은 있지만, 신앙 때문에 동

---

94) 동성애 차별 금지법 논쟁에 관련하여 뉴스앤조이 '차별금지법과 개신교'라는 기획기사 내용을 참고.
https://www.newsnjoy.or.kr/news/articleList.html?sc_serial_code=SRN157&view_type=tm
95) John Rawls, 『Political Liberalism』 (Columbia University Press, 2005) 170-171.

성애 행위를 하지 않은 이들을 의미한다. 진정 개인적으로 고민하고 힘들어하는 그들에게 본 글은 독신이라는 또 다른 그리스도인의 삶의 한 생활양식을 제안하면서 이들을 향한 보다 더 섬세한 교단과 교회의 배려와 관심을 요청하는 바이다.

2. 본론

1) 동성애 그리스도인의 한 생활양식: 독신[96]

(1) 동성애 행위는 성경에서 죄로 말한다. 동성애 행위를 자연 질서가 아닌 하나님의 창조 질서[97]의 왜곡으로 본다. 창조주를 거스르는 반역인 동성애 행위는 하나님의 창조 설계에 기본이 되는 성별 구분을 무시하는 것에서 생생하게 드러난다. 이런 동성애 행위는 하나님의 창조 질서를 왜곡시키는 인간 타락의 방식에 관한 생생한 이미지를 잘 보여준다. 동성애 행위는 하나님을 창조주로 경외하기를 거부한 인간들의 반종교적인 성례전으로 묘사한다. 그러나 동성애 행위가 특별히 비난받아야 할 죄는 아니다.[98]

---

96) 리처드 헤이스 책, 『신약의 윤리적 비전』의 동성애 파트 가운데 헤이스는 동성애 그리스도인의 친구를 둔 입장에서 또한 신약학자로서 고민하는 것을 깊이 느낄 수 있었다. 두 번째와 세 번째 내용은 그의 책에서 많은 것을 인용하였다.

97) 예수님은 결혼이 창조질서에 속한 것임을 분명히 하셨다. "예수께서 대답하여 이르시되 사람을 지으신 이가 본래 그들을 남자와 여자로 지으시고 말씀하시기를 그러므로 사람이 그 부모를 떠나서 아내에게 합하여 그 둘이 한 몸이 될지니라 하신 것을 읽지 못하였느냐 그런즉 이제 둘이 아니요 한 몸이니 그러므로 하나님이 짝지어 주신 것을 사람이 나누지 못할지니라"(마태복음 19:4-6)

　(2) 동성애가 성경의 주요한 관심사는 아니다. 히브리 초기의 윤리 법전은 동성애에 관하여 전혀 언급하지 않고 있다. 동성애는 십계명 안에서도 언급되고 있지 않다. 신약의 사복음서에는 동성애 주제에 관한 예수님의 말씀이 전혀 기록되어 있지 않다.99) 미국 듀크 대학교 신약학자인 리처드 헤이스는 신약성경에서 동성애가 공동체, 십자가, 그리고 새창조라는 이미지와 어떻게 연관되는 것인가를 아래와 같이 말한다. 동성애에 대한 성경의 비판은 개인의 사적인 도덕성뿐 아니라 선택된 공동체의 건강, 온전성, 그리고 순결에도 관심을 갖고 있다. 성경이 매춘부와 음행을 나쁘게 보는 것도 어떤 다른 이유보다 공동체 전체를 구성하는 우리 몸이 그리스도의 각 지체라고 보기 때문이다(고전 6:15). 성적 부도덕에 연루되는 것은 그리스도의 몸을 더럽히는 것이다. 우리 각 개인의 성적인 행위를 포함한 모든 것이 그리스도의 공동체 전체 몸에 영향을 미치는 것이다.

　십자가의 복음은 우리가 죄인이었을 때조차 하나님이 우리를 사랑하셨고 그의 아들의 희생적인 죽음으로 드러난 바로 하나님 사랑의 깊이를 말한다. 이 십자가의 사랑의 복음이 교회공동체가 동성애 성향을 가진 사람들을 어떻게 대해야 하는지에 대한 심오한 의미를 시사한다. 십자가는 그리스도 신앙공동체가 동성애자들에게 어떻게 반응해야 하는지 본보기가 된다. 우린 그들을 정죄해서는 안 된다.

---

98) 리처드 헤이스, 유승원 옮김 『신약의 윤리적 비전』 (IVP, 2002) 568, 592-604.
99) V. P. 퍼니쉬, 이희숙 옮김 『바울의 네 가지 윤리적 교훈 - 결혼 동성애 교회와 여성 정치』 (종로서적, 1994) 71.

우리는 자기희생적인 사랑으로 그들을 대해야 한다. 십자가는 죄의 능력 아래 있던 옛 생활의 청산을 의미한다. 이런 면에서 십자가는 새창조의 원동력이다. 동성애적 욕망과 싸우고 있는 그리스도인들에게 십자가는 변화시키는 새창조의 능력이 될 수 있다. 그리스도인 공동체는 '이미'와 '아직' 사이에 위치한 긴장의 시간 속에서 산다. 그리스도인은 우리 몸의 구속을 기다리며 믿음으로 사는 것이다. 이는 몸의 구속을 위하여 계속 무절제한 정욕과 싸워나가야 한다는 것을 뜻한다. 이를 위해 훈련된 성의 절제가 요구된다고 볼 수 있다. 무질서한 성의 굴레로부터 벗어나 책임 있는 삶을 사는 법을 익혀 실천해 나가는 것이다.

(3) 기독교의 윤리적 가르침의 주류는 동성애에 대해 매우 적대적이었다. 여기서 동성애 성향(homosexual orientation)과 동성애 행위(homosexual action)는 구별해야 한다.100) 동성애 행위는 인간 내면의 동성애 성향이 육체적으로 분출된 결과라 할 수 있다. 선천적이고 일생 계속되는 어떤 개인의 특질로서 동성애적 성향이라는 개념은 상대적으로 현대에 들어와 형성된 혁신적 사고이다. 동성애 성향을 갖고 있다 하더라도 동성애 행위 표현을 억제할 수 있는 자기 의지와 자제력이 있다. 동성애 성향이 구체적인 행위로 표현되는 것은 별개의 문제라고 볼 수 있다. 이런 측면에서 동성애적 성향을 갖고 있는 사람은 결혼과 상관없이 독신으로 지낼 수도 있다. 동성애 성향

---

100) 정종훈, 『기독교 사회윤리와 인권』 (대한기독교서회, 2003) 206.

을 지닌 그리스도인들도 훈련된 성적절제라는 금욕 생활을 추구해야 한다. 이를 위해 필자는 동성애 성향의 그리스도인들에게 독신을 그리스도인의 한 생활양식으로 제안한다. 확실히 예수님과 바울은 성적인 관계없이 독신으로 살면서 멋진 아름다운 삶을 사셨던 것을 볼 수 있다. 교회에서 독신의 삶을 마땅히 기독교인들의 한 생활양식으로 교육하고 권장해야 할 내용이라고 본다.

독신은 그리스도인들의 삶의 한 존재 양식이다.101) 예수님은 아담 이후 새로운 인간을 대표하는 분으로 이 세상에 오신 분이다. 하나님은 독신으로 삶을 사는 예수님을 있는 모습 그대로 사랑하고 기뻐한다고 말씀한다(마 3:17). 바울 또한 독신으로 살아오면서 그는 고린도전서 7장 7절에서 8절까지 이렇게 말씀한다. "나는 모든 사람이 나와 같기를 원하노라. 그러나 각각 하나님께 받은 자기의 은사가 있으니 이 사람은 이러하고 저 사람은 저러하니라. 내가 결혼하지 아니한 자들과 과부들에게 이르노니 나와 같이 그냥 지내는 것이 좋으니라." 이 말씀에서 보면 결혼하지 아니한 자들과 과부들 다음에 동성애 성향을 지닌 그리스도인들도 포함된다고 본다.

2) 동성애에 관한 교회의 반응 – 실천적인 질문들

(1) 교회가 동성애자들을 위한 인권 운동을 지지해야 하는가?102) 교회는 그동안 동성애자들을 차별해 온 것에 관해 회개하고

---

101) http://www.newsnjoy.or.kr/news/articleView.html?idxno=221796

화해의 복음을 실천하도록 노력해야 하며 동성애자들을 위한 인권 운동을 도와야 한다. 동성애 그리스도인들은 누구보다도 교회와 그리스도인들의 사랑과 관심 그리고 이해를 요청하고 기대하는 사람들이다. 그들을 정죄하기 보다는 먼저 그들을 이해하려고 노력하고 그들의 고민과 갈등을 함께 아파하면서 그들이 새로운 삶의 가능성을 우리 사회에서 가질 수 있도록 도와야 한다. 그들의 인권을 보장하고 그들을 국민의 일원으로 보호하는 약자 차별금지에 대한 글로벌한 기준을 세우는 것에 대해서 긍정적인 관심과 협조를 해야 한다.

(2) 동성애자들이 기독교 교회의 구성원이 될 수 있는가? 당연하다. 먼저 기독교인이 된 우리가 교회를 죄 없는 완전한 공동체라고 생각하지 않은 한, 우리는 동성애 성향의 사람들을 불의한 자들을 의롭다고 하시는 하나님을 믿음으로 인해 환영해야 한다고 헤이스는 말한다. 동시에 교회가 감당해야 할 목회적인 과제는 동성애자라고 정의하는 그리스도인들이 복음에 부합하도록 자신의 정체성을 재형성할 수 있게 도전하는 일이다. 동성애자들은 신앙공동체에서 배제되어서는 안된다. 동성애자들도 누구 못지않게 하나님의 깊은 희생적 사랑과 구원의 대상이다. 하나님의 신앙공동체에 동참하는 사람이라면 누구나 교회가 변화 훈련 학습의 장소이지 단순한 위로를 받거나 탐닉을 추구하는 장소가 아님을 알고 있다.

(3) 동성애 성향을 가진 그리스도인들이 계속 동성 간의 성애적

---

102) 헤이스, Ibid., 606.

행위에 참여하는 것이 기독교적으로 타당한가? 타당하지 않다. 이성애 성향의 그리스도인이 간음이나 음행을 하는 것이 허용되지 않듯이, 동성애 그리스도인이 동성애 행위를 계속하는 것은 합당치 않다. 동성애 성향이 동성애 행위를 하도록 했기 때문에 동성애 그리스도인은 그 자신의 동성애 행위에 대해 더 이상 책임이 없다고 주장할 수는 없다. 오히려 독신 생활을 선택하도록 권면할 수 있다. 성적인 금욕을 실천하며 사는 독신자의 삶의 존엄성과 가치를 재발견하기 위해 교회는 수고해야 한다.

(4) 교회가 동성애자의 결합을 재가하고 축복해야 하는가? 아니다. 교회는 성적인 존재로서의 인간의 신실한 제자의 삶을 사는 길은 이성 간의 결혼과 성적 금욕, 이 두 가지 밖에 없다는 것을 계속 가르쳐야 한다. 이성애 성향이든 동성애 성향이든 그리스도인으로 살아가기 위해서는 성적절제를 통한 책임적인 성을 구현하며 살아가도록 끊임없이 노력하는 것이 필요하다.

3. 결론

예수님이 그러셨던 것처럼 주님의 교회인 우리는 죄인들을 품어야 하지만 하나님의 의를 포기하지 않는 신앙공동체로 살아가야 한다. 캐나다 벤쿠버에 있는 케리/리젠트 대학의 기독교 윤리학 교수였던 스탠리 그렌츠는 목회적인 관점에서 먼저 동성애는 성경적이지 않기 때문에 거절하는 것이 마땅하다. 그러나 동성애자들은 교회가 잃어버린 한 영혼을 찾는 목자의 사랑의 심정으로 그 한 영혼을 대하며 소중히 환대해야 한다. 예수님이 주인이신 교회는 동성애자들을 환영하지만 그들의 죄가 없다고 긍정할 수는 없다(welcoming but not affirming).103) 요한복음 8장에 나오는 간음하다 현장에서 붙잡힌 여인에게 예수님은 말씀한다. "나도 너를 정죄하지 아니하노니 가서 다시는 죄를 범하지 말라"(요8:11). 예수님은 현장에서 붙잡혀 온 그 여인에게 다시는 죄를 범하지 말라고 하시면서 새로운 삶의 기회를 열어 주신다. 주님의 몸인 교회는 주님의 명령에 따라야 한다. 예수님의 생명의 말씀에 반응해야 한다. 아울러 그분이 바라는 사랑의 온전한 분량에 이르기까지 서로의 이해와 용서 속에서 교회공동체의 한 지체됨을 알아감과 더불어 주님의 몸으로의 성숙을 추구하는 삶을 살아야 한다. 하나님의 그 넓은 사랑의 포용성을 알아가는 그리스도인의 성숙한 윤리의식이 21세기의 한국 사회를 이끌어가는 원동력이 되기를 바래본다.

---

103) 스탠리 그렌츠, 김대중 옮김, 『환영과 거절사이에서』 (새물결 플러스, 2016)

참고문헌

그렌츠, 스탠리. 김대중 옮김. 『환영과 거절사이에서』 새물결 플러스, 2016.

임성빈. 『21세기 한국사회와 공공신학』 서울: 장로회신학대학출판부, 2017.

정종훈. 『기독교 사회윤리와 인권』 대한기독교서회, 2003.

퍼니쉬, V. P. 이희숙 옮김. 『바울의 네 가지 윤리적 교훈 – 결혼 동성애 교회와 여성 정치』 (종로서적, 1994)

하우어워스, 스탠리. 문시영 옮김. 『교회됨』 서울: 북코리아 2010.

헤이스, 리처드. 유승원 올김. 『신약의 윤리적 비전』 IVP, 2002.

Rawls, John. 『Political Liberalism』 Columbia University Press, 2005.

Oden, C. Thomas, 『Pastoral Theology: Essentials of Ministry』 New York: Harper & Row Publishers, 1983.

https://www.yna.co.kr/view/AKR20200630144000005?site=mapping_related

https://www.yna.co.kr/view/AKR20200630153400502

https://www.newsnjoy.or.kr/news/articleList.html?sc_serial_code=SRN157&view_type=tm

http://www.newsnjoy.or.kr/news/articleView.html?idxno=221796

V. 한반도 통일과 사중복음과의 관계에 관한 한 단상[104)

-평화와 정의의 샬롬 공동체

21세기 한국은 통일의 시대를 맞이하리라 본다. 한국의 통일은 미시적으로 동북아시아의 평화를 거시적으로는 세계평화에 기여하는 일이다. 통일의 당위성을 추구하는 것도 중요하지만, 정치, 경제, 사회체제가 서로 다른 남북한이 하나의 국가를 이룬다는 통일의 진정한 의미는 과연 무엇인가를 알아보는 것이 우선시되어야 하지 않을까한다. 분단된 한반도의 현실에서 남북한 통일의 의미를 찾는다는 것은 피할 수 없는 우리의 과제이며 이 땅에서 하나님의 뜻을 찾아가는 것이다. 한반도의 분단 현실이 구조적으로 한국역사 안에서 하나님의 평화를 세우는 데에 걸림돌이 되어 왔다. 한반도 통일의 의미는 하나의 한민족 공동체를 가능하게 하는 정의로운 평화(just peace)에 있다. 한반도 통일은 그 자체가 목적이 아니라 남북한 사람들의 연합과 일치를 이루는 과정에서 하나의 평화공동체를 다시 세우는 것이다. 달리 표현하면 한반도 통일은 이사야 32장 17절의 말씀처럼 정의의 열매로서 평화의 공동체를 만드는 것이다.

---

104) 이 글은 활천에 실린 글을 각주를 첨부하여 약간 수정하여 재인용함. 박삼경, "평화와 정의의 공동체-한반도 통일과 사중복음의 관계," (2019, 3), 80-83.

　　미국의 기독교 윤리학자인 헬무트 리챠드 니버(Hermut Richard Niebuhr 1894-1962)의 3가지 유형의 윤리체계를 빌려서 한반도 통일과 사중복음과의 관계를 생각해본다.105) 첫 번째는 아리스토텔레스(Aristoteles 384 BC –322 BC)의 철학에 기초한 목적론적 윤리 유형(Teleological ethics type)이다. 이 목적론적인 윤리의 가치질문은 무엇이 선한 것이냐 (What is the good?)이다. 이 유형은 선(the good)을 추구하면서 인간 자기 스스로를 만들어가는 윤리체계로써 니버는 이런 유형의 인간을 man-the-maker로 보고 있다. 여기서 문제점은 자칫 목적이 수단을 정당화시킬 수 있다는 점이다. 이러한 측면에서 남북통일을 목적으로만 생각하고 통일을 접근해 가는 흐름이 있다. 이런 통일접근 방식은 통일지상주의와 같은 부산물을 산출할 수 있다.

　　두 번째는 임마누엘 칸트(Immanuel Kant 1724-1804)의 철학을 배경으로 한 의무론적인 윤리 유형(Deontological ethics type)이다. 이 의무론적인 윤리의 가치질문은 무엇이 옳은 것이냐 (What is the right?)이다. 이 유형은 법(law)을 절대로 지키는 윤리체계로써 니버는 이런 유형의 인간을 man-the-citizen으로 보고 있다. 여기서 눈여겨보아야 할 점은 그 법이 누구를 위하여(for whom) 존재하느냐에 있다. 더욱이 법을 만드는 과정에서 철저하게 사회적 약자의 입장이 배제될 수 있다. 이런 의무론적인 측면에서 통일을 하나의 과정으로 생각하고 접근하는 방법이 있다. 이는 통일을 이루어가는 과정을 결

---

105) H. Richard Niebuhr, *The Responsible Self* (New York: Harper & Row, Publishers, 1963), 48-56.

과보다 더 중요하게 보는 시각이다.

세 번째는 책임 윤리 유형(Response ethics type)이다. 이 책임 윤리 유형에서 묻는 질문은 무엇이 적합한 것이냐? (What is the fitting?)이다. 이 윤리 유형은 주어진 상황 속에서 가장 적절하게 응답하는 길이 무엇인가에 초점을 두면서 이런 인간을 man-the-answerer로 본다. 다른 말로 인간을 어떤 상황 혹은 어떤 대상과 상호 반응하는 관계적인 존재로 보는 윤리체계이다. 여기서 문제점은 구조적으로 억압된 사회 체계에서의 책임의 한계선이 어디까지인가 하는 것이다. 이런 책임윤리 유형에서 한반도 통일을 보는 것은 남한과 북한의 현 상황에서 가장 적합한 것이 무엇인가를 물으면서 접근해 가는 것이다.

21세기 한국사회에 통일을 이루기 위해서는 기독인으로서 무엇보다 하나님께서 이 땅에서 무엇을 하고 계시는가(What is God doing in the world?)에 민감한 신앙인의 모습들이 있어야 한다. 이를 위해 한국사회에 무엇보다 중요한 통일 접근방법은 기독교 대한 성결 교인으로서 사중복음(중생, 성결, 신유, 재림)에 기초한 하나님 나라 복음의 접근방법이 아닐까? 이는 정의로운 평화를 추구하며 한 공동체로서의 사랑의 연합과 일치를 그리고 서로 상생할 수 있는 윈-윈(win-win) 개념을 포함한다.

사중복음에 기초한 하나님 나라 복음의 입장에서 보는 한반도 통일은 구조적인 악인 국가 분단의 죄를 자백함으로 시작하는 것이다. 사중복음의 첫 번째인 중생의 빛으로 한반도 통일을 보는 것이다. 중생은 회개 이후에 오는 것이다106). 한반도 통일은 무엇보다 남북한이 서로 분단이라는 죄를 서로 인식하고, 그 분단으로 인하여 한반도에서 자행되었던 죄악들을 서로 회개함으로써 시작해야 한다. 앞서 말한 목적론적 윤리 유형의 가치 질문이 무엇이 선한 것인가라는 질문에서 비롯되는 것처럼, 한반도 통일은 분단으로 인해 선하지 못한 것에서부터의 회개로 출발되어야 한다. 하나님의 선행은총으로 인하여 중생에 이르는 회개가 있는 것처럼, 한반도 통일이 있기 위해서도 무엇보다 서로가 잘못을 돌아보는 하나님의 선행적 은혜가 필요하다. 중생의 패러다임에서의 회개란 미래에 관한 것이며 공동의 미래를 만들어 가는 것이다. 중생의 빛에서 보는 회개는 진정한 평화의 공동체를 정착하기 위한 초석이며 공동의 미래의 남북통일에 있어서 매우 중요한 프락시스(praxis)이다. 무엇보다 한반도 통일의 신생(중생)의 꿈을 함께 세워가는 것에 남북한의 회개가 중요한 요소임을 알게 해 준다.

니버의 의무론적인 유형에서의 무엇이 옳은가라는 질문은 한반도 통일을 이루어 가는 과정에서 끊임없이 성찰해야 할 부분이다. 사중복음의 성결이 한반도 통일을 이루는 과정에서 무엇이 옳은가를 위한 시금석이 된다. 성결은 죄의 뿌리인 원죄를 완전히 제거하는 것이다. 이 땅에서 중생한 우리를 하나님의 뜻에 따라 살고자 하는 성결의 삶으로 성령은 인도한다. 이러한 성결은 성령에 의한 것임을 성

---

106) 최인식 외,「웨슬리안 사중복음 교의학 서설」(서울: 대한기독교서회), 2008, 26.

결교회는 강조한다. "성령 세례의 결과 거룩한 삶을 사는 열매가 성결이다."107) 거룩한 성결의 열매를 맺게 하는 이러한 성령은 또한 한국 역사 안에서 한반도 통일을 이루어 가는 분이다. 성령은 새 사람, 그리고 새 공동체를 탄생시키는 근원이다. 한반도 통일운동은 남한과 북한을 성결하게 변형시키는 성령의 일하심이다. 남한과 북한을 새로운 성결의 공동체로 즉 정치적 자유와 경제적 평등, 그리고 사회정의를 만들어 가는 분이 바로 성령이다. 이런 거룩한 성결의 복음은 오늘날 한반도의 요청에 간절하게 부합하는 일이다.

　사중복음의 신유는 질병으로부터의 해방을 의미한다.108) 신유는 질병의 치유를 통해 삶을 총체적으로 회복시키는 하나님의 은혜이다. 신유의 복음으로 보는 한반도 통일의 의미는 반세기 넘게 분단으로 인해 그동안 쌓였던 남북한의 적대감, 불신, 고통 그리고 맺힌 마음의 한들을 치유하는 것이다. 신유는 예수 그리스도의 십자가 사건을 근거한다. 예수 그리스도의 십자가 사건은 갈등과 분쟁을 넘어 용서와 치유로 이끌어 준다. 이런 면에서 신유의 복음은 구체적이고 실질적인 한반도 통일의 십자가의 의미를 선사한다고 본다. 남북한의 통일은 하나님의 신유활동의 구체화이다. 신유의 일은 미래를 함께 세워가는 것에 헌신하도록 하는 결속력 있는 공동체를 만들어가는 가장 중요한 과정이다. 그러므로 나누어진 공동체와 고통 받는 사람

---

107) 성결교회신학연구위원회, 『성결교회신학』 서울: 기독교대한성결교회출판부, 2007, 426.
108) 최인식 외, 『웨슬리안 사중복음 교의학 서설』 29.

들이 있는 한 참다운 통일은 이루어질 수 없다. 사중복음의 신유란 현재와 미래의 시간동안 사람들의 창조적인 반응을 위한 기초 공사를 마련하는 일에 참여해야 하는 사람들의 건강에 관심을 갖는다.

니버의 책임윤리 유형가운데 중요한 질문은 그 상황에서 무엇이 적합한 것인가이다. 한반도 통일을 이루어 가는 과정에서 무엇이 적절한 것인가를 묻는 책임적인 과정들은 재림의 빛 아래에서 성찰을 해야 한다. 사중복음의 재림신앙은 이 땅에 사는 기독인들에게 소망의 힘이다. 하나님 나라는 예수님의 다시 오심으로 완성된다. 하나님 나라는 한반도 통일을 이루어 가는 역동적인 힘이다. 남북한의 통일은 하나님 나라의 오심에 대한 예비 상관물이다. 이런 면에서 한반도 통일은 교회의 중요한 사명이다. 또한 이는 한국 교회의 본질적인 요소이다. 교회의 사명인 한반도 통일의 일에 교회가 얼마나 관심 갖고 그 통일의 사명에 우선하는 가가 중요하다.

한반도의 통일은 하나님 나라를 이 땅에서 맛보는 공동의 미래를 함께 세워가는 것이다. 한반도 통일은 기독교인들에게는 현재를 바꾸기 위해 노력하는 것에 의해서 정확히 하나님 나라의 미래에 집중하는 한 과정이다. 재림의 빛 아래에서의 통일의 의미는 샬롬공동체인 평화의 공동체를 이루는 것이다. 평화, 사랑, 자유, 그리고 정의는 한반도 통일을 위한 진정한 길이다. 사중복음의 재림은 하나님의 정의로 통일을 제안한다. 하나님의 정의 없이는 하나님 나라가 이 땅에서 불가능하다. 이런 면에서 만약 기독교가 고통 받고 억압 받는 이들의 해방에 관여하지 않는다면 기독교는 예수 그리스도를 통한 하나님 나라의 재림의 의미를 잃고 있는 것은 아닐까 한다.

21세기의 한국사회의 키워드(keyword)는 통일이다. 한반도 통일을 니버의 윤리유형의 가치 질문과 사중복음의 빛 아래에서 한 번 살펴보았다. 남북통일을 이룬다는 것은 평화를 추구하는 새로운 정의의 사회를 창출하는 것이다. 하나님의 평화 공동체를 이루어야 하는 시대적 사명이 남북한 모두에게 숙제로 남겨진 것을 알 수 있다. 성경 에스겔 37장 15절-26절에서 한반도 통일을 원하시는 하나님을 본다. 에스겔서 37장은 이스라엘의 분열이 하나님의 뜻에 어긋난 일임을 말한다. 하나님은 남유다와 북이스라엘이 하나 되기를 바라신다. "그들로 한 나라를 이루어서 한 임금이 모두 다스리게 하리니 그들이 다시는 두 민족이 되지 아니하며 두 나라로 나누이지 아니 할지라(에스겔 37장 22절). 더 이상 분단으로 인한 고통과 슬픔이 없는 평화와 정의가 입맞춤하는 그런 하나님 나라의 샬롬공동체가 하늘에서 이루어 진 것처럼 이 땅에서도 이루어지기를 소망한다.

VI. 통일의 정치와 한국교회[109)

I. 서론

통일의 정치와 한국교회를 논하기 전에 먼저 '통일'(Reunification)이라는 용어를 살펴본다. 영어로 접두어 Re는 다시라는 뜻이다. 이런 의미에서 통일은 다시 하나가 되는 것을 의미한다. 통일이라는 용어와 관련하여 기본적인 질문이 있는데, 한국의 분단에 대한 주된 책임이 누구에게 있는가 하는 것이다. 한국은 국민의 동의 없이 강대국들이 하나의 대한민국을 북한과 남한으로 분단시켰다. 다시말해 한국은 제2차 세계대전 이후 미국과 러시아 간의 냉전의 부산물로 분단되었다.110) 이 분단은 우연한 것이 아니다. 그 원인은 1905년 태프트(그 당시 국무장관 후에 미국 대통령이 됨)와 가쓰라(일본 총리)의 비밀 합의로 거슬러 올라간다.111) 비밀 협정의 내용은 일본은 한국을 식민지로, 미국은 필리핀을 식민지로 원했고, 양국은 서로를 지원하기로 했다

---

109) Park, Sam Kyung, "Politics of Reunification and Korean Churches" 서울신학대학교 기독교신학연구소 편 『신학과 선교』 Vol. 56. (2019, 9) 79-104. 번역하여 재인용.

110) Wi Jo Kang, *Christ and Caesar in Modern Korea*, (Albany, NY: State University of New York, 1997), 72.

111) Jong-Sun Noh, *Liberating God for Minjung*, (Seoul, Korea: Hanul, 1994), 34.

는 것이었다.

1945년 일본으로부터의 해방은 대한민국을 하나의 국가로 이끌지 못했다. 오히려 대한민국은 두 개로 나뉘었다. 한국의 해방은 남북 분단의 시작이었다.112) 태평양 전쟁이 끝나기 직전에 미국과 러시아는 일본군의 항복을 받아들이기 위해 38선을 기준으로 한국을 분할하기로 합의했다. 이후 남북한은 영구 분단으로 이어졌다. 경제 체제, 이념적 분단, 군사적 분단, 정치적 분단 등 모든 단계의 분단은 1950년 6월 25일 한국전쟁이 발발할 때까지 남한은 미군정, 북한은 러시아 점령하에 강화되고 고착화되었다. 이러한 분단은 국토 통일을 위한 남북 간의 전쟁을 촉발시켰다. 남한과 북한은 이념과 사회 구조가 완전히 다른 체제를 구축했다.113)

분단의 결과로 남북 간에는 적대감이 극심하게 심화되어 왔다. 또한 지난 70년간 남한에는 천만 명에 달하는 이산가족이 발생했고, 정부에 의해 반사회적, 반국가적 인물로 몰려 수많은 사람들이 죽임을 당하거나 감옥에 갇히거나 인권 유린을 당하는 등 윤리적 문제가 발생하고 있다. 분단의 영향으로 분단의 흑백 논리는 한국 사회 각계 각층에 만연해 있다. 특히 남한의 기독교인들 대부분은 분단 신앙, 분단 이데올로기, 분단 신학을 가지고 있다.

한국 통일 윤리는 한국 분단의 결과인 억압, 착취, 지배의 문제를

---

112) David Kwang-sun Suh, *The Korean MinJung in Christ*, (Kowloon, Hong Kong: The Christian Conference of Asia, 1991), 178.
113) Ibid., 180-181

밝혀내야 한다. 분단은 남한과 북한 사회에 존재하는 구조적 악의 주요 원인 중 하나다. 남한과 북한 사이의 군사적 경쟁, 상호 불신, 상호 비방, 적대감의 지속적인 고조는 이러한 구조적 악을 생성하고 지속시킨다. 기독교적 관점에서 볼 때, 한반도의 분단은 그 뿌리가 되는 폭력과 그로 인한 사람들의 고통뿐만 아니라 남과 북에서 불의한 체제가 만들어지고 유지되는 데 기여했다는 점에서 죄악이다.

한국의 많은 사람들이 미래에는 하나의 공동체가 되기를 원한다. 그것은 민중의 꿈일 뿐만 아니라 하나님의 말씀을 통한 비전이기도 하다. 또한 진정한 화해와 용서, 사랑을 통해 하나의 공동체가 될 수 있도록 한국 교회가 부분적으로 앞장서야 한다. 이 글의 목적은 통일에 대한 두 가지 입장(정부와 교회)을 살펴보는 것이다. 먼저 한국에서 통일을 추구해야 하는 신학적 근거와 윤리적 이유를 다룰 것이다. 이 논문의 마지막에는 한국의 통일에 대한 몇 가지 질문을 제기한다.

2. 역사적 배경

통일은 한국 역사 전반에 걸쳐 존재했던 하나의 민족의 통합으로 돌아가는 것을 의미한다. 통일을 말할 때는 원래 하나였던 한국의 모습을 강조하면서, 분단의 책임이 누구와 무엇에 있는지에 대한 분석이 필요하다.114)

---

114) 모든 역사가 그러하듯이, 자신의 세계관에 따라 달라진다. 나의 의도는 한국

한국의 분단은 1905년으로 거슬러 올라간다. 그해 7월 미국 국무 장관 윌리엄 하워드 태프트는 당시 일본 총리였던 가쓰라 타로 백작과 비밀 협정을 맺었다. 이 협정에 따르면 미국은 일본이 필리핀에 대한 미국의 지배권을 인정하면 일본이 한국을 점령하는 것을 지원하기로 하는 것이었다. 그 후 1905년 8월 영일동맹이 재협상되면서 영국은 한국의 '지도, 통제 및 보호'를 위해 적절한 조치를 취할 수 있는 일본의 권리를 인정했다.115) 1905년 9월, 일본과 러시아는 포츠머스 조약을 체결하여 러일전쟁을 종식시켰다. 이 조약에 서명하면서 러시아는 일본의 조선에 대한 정치적, 경제적, 군사적 지배에 동의했다.116)

태프트-가쓰라 밀약과 러시아에 대한 일본의 승리로 인해 1905년 11월 체결된 을사조약은 사실상 한국의 주권을 박탈한 조약이다. 이 조약에는 고종 황제, 한규설 국무총리, 이하영 법무부 장관, 민영기 재무부 장관 등 5명의 한국 각료가 서명했지만, 고종 황제는 서명하지 않았다. 고종 황제는 영국, 프랑스, 러시아, 독일 등 강대국들에

전쟁과 한반도 분단의 원인에 대해 아주 간략하게 설명하는 것이지, 어느 한쪽을 비난하거나 옹호하려는 것이 아니다.

115) Lee Ki-baik, *A New History of Korea* Translated by Edward W. Wagner with Edward J. Shultz (Cambridge, Massachusetts: Harvard University Press, 1984), 309. For Taft and Katsura agreement, see also, Stanley Sandler, *The Korean War: No Victors, No Vanquished* (Lexington, Kentucky: The University Press of Kentucky, 1999), 20: William Stueck, *The Korean War: An International History* (Princeton, NJ: Princeton University Press, 1995), 13.

116) Lee, Ibid.

게 일본의 이러한 조치에 대한 지원을 호소했다. 1907년 고종은 을사늑탈조약에 항의하기 위해 제2차 헤이그 만국평화회의에 비밀 특사를 파견했지만, 한국은 헤이그 만국평화회의에 참가할 수 없었다.117) 일제는 1907년 7월 아들 순종을 위해 고종 황제를 강제로 퇴위시켰다. 고종이 퇴위한 후 이완용은 대한제국 총리가 되어 1910년 8월 22일 한일합병조약에 서명했다.118)

1905년부터 1910년까지 한국인들은 일본에 대한 반란을 시도했지만 실패했다. 가장 중요한 것은 농민, 해산된 군인, 애국적인 문인들로 구성된 '의병'이었다.119) 의병들은 민중의 지지를 받았다. 이들은 일본 수비대를 공격하고 철도를 파괴했다. 일본이 한국을 점령하는 동안 훗날 제2차 세계대전 이후 중요한 역할을 하게 될 두 개의 단체가 형성되었다. 하나는 1919년 4월에 설립되어 상하이에 기반을 둔 대한민국 임시정부였다. 다른 하나는 1925년 서울에서 비밀리에 조직된 조선공산당이었다.120)

제2차 세계대전이 끝날 무렵 미국과 소련은 연합군이 독일과 일본으로부터 해방하는 데 도움을 준 국가에 영향력을 행사하려고 했

117) http://www.reference.com/browse/Eulsa%20Treaty. 1965년 한·일 양국이 을사조약을 "이미 무효"로 선언했다는 점에 주목할 필요가 있다.
118) Bruce Cumings, *Korea's Place in the Sun: A Modern History*, (New York, NY: W.W. Norton & Company, Inc., 1997), 145.
119) Ibid., 146. 일본에 대항하기 위한 반란을 보려면, William Stueck, *The Korean War: An International History* (Princeton, NJ: Princeton University Press 1995), 14; Lee Ki-baik, 316
120) Cumings, *Korea's Place in the Sun: A Modern History*, 159.

다. 미국과 소련의 합의에 따라 소련은 1945년 8월 8일, 미국이 히로시마에 원자폭탄을 투하한 지 이틀 후, 나가사키에 또 다른 원자폭탄을 투하하기 하루 전에 일본에 선전포고를 했다. 이 선전포고와 함께 소련군은 즉시 만주를 침공하여 한국을 향해 남하하기 시작했다. 소련군은 38도선 이북에서 일본군이 소련군에 항복한다는 미국과의 합의에 따라 38도선에서 진격을 중단했다.

소련군은 자신들에게 우호적인 한국 정부가 수립될 때까지 한국을 통치하기 위해 "소련 민정 당국"을 수립했다. 소련은 만주에서 어린 시절을 보내고 한국에서 일본군에 대한 게릴라 공격에 참여했으며 소련군 대위로 한국에 입대한 김일성에게 눈을 돌렸다. 1946년 2월, 그는 임시 정부인 북조선 임시인민위원회의 수장이 되었다. 소련군은 1948년 북한을 철수했다.[121] 소련군이 만주를 침공해 한반도로 진격하는 동안 미국은 소련군이 한반도와 일본 전체를 점령할 것을 우려해 서둘러 미군 점령 지대를 만들었다.

1945년 8월 초부터 조선의 마지막 일본 총독은 정부를 이양하기 위해 여러 영향력 있는 한국인들과 접촉하며 정부 이양을 준비했다. 1945년 8월 15일, 일본이 연합군에 무조건 항복하기로 합의한 날, 좌파 정치인 여운형은 서울에서 정부를 인수하기로 합의했다. 1945년 9월 6일, 일본이 도쿄만에서 USS 미주리호를 타고 더글러스 맥아더 장군에게 공식적으로 항복한 지 4일 후, 서울에서 대표자 회의

---

121) 한국 전쟁에서 소련의 역할에 대해서는 Sandler, 27-28; 및 Stueck, 21-27.

가 열리며 이는 '현대'라고 부를 수 있다.122) 한국은 일본이 항복한 지 불과 3주 만에 건국되었다. 정부는 주로 좌파 성향이 강했는데, 이는 많은 독립군 전사들이 공산주의 성향을 가지고 있었기 때문이었다. 바로 다음 날 맥아더 장군은 존 R. 호지 중장이 한국 문제를 관리할 것이라고 발표했다. 호지 장군은 1945년 9월 9일 병력과 함께 인천에 상륙했다.

1945년 12월, 미국과 소련은 미-소 공동 위원회에서 한국을 관리하기로 합의했다. 한국은 5년간 국제사회의 감독을 받은 후 독립적으로 통치하기로 합의했다. 한국인들은 그러한 합의의 당사자가 아니었고 자치권을 지연시키려는 시도에 대해 격렬하게 항의했다. 남한에서는 폭력적인 시위가 벌어졌다.123) 미 점령 당국은 여운형이 이끄는 정부를 공산주의자로 간주하고 이를 인정하지 않았다. 대신 일제가 한국을 점령한 20세기 초반부터 미국에서 망명 생활을 하다가 귀국한 이승만이 이끄는 정부를 세웠다. 이승만은 1919년부터 1925년까지 대한민국임시정부 대통령을 지냈으며, 임시정부 임시의회에서 권한 남용을 이유로 탄핵을 당했다. 1948년 8월, 미군은 한반도를 떠났다.

미군과 소련군이 모두 한국을 떠났지만 두 개의 대한민국 임시정부가 이념적으로 점점 더 멀어지고 있는 것은 분명했다. 1948년

---

122) 나는 이것이 제국주의 한국으로의 복귀가 아니라 이제 민주적 정부 형태를 사용하는 국가로의 복귀임을 나타내기 위해 "현대"라는 용어를 사용한다.
123) Lee, 376; Stueck, 22.

부터 1950년 6월 25일 한국전쟁이 발발할 때까지 남북한 군대는 휴전선을 따라 수많은 유혈 충돌을 벌였다. 1950년 북한이 38선을 넘어 남한을 공격하면서 한국전쟁이 시작되었다. 그러나 1945년부터의 한국 상황은 미국과 소련의 관계와 떼어놓고 생각할 수 없다. 두나라 사이의 급격한 관계 악화는 한국전쟁으로 이어진 상황에 크게 기여했다.

또 다른 중요한 역사적 고려 사항은 한국전쟁 당시 중국이 북한을 지원하게 된 이유와 관련이 있다. 이는 다양한 이유가 작용한 복잡한 문제이다. 각 주장에 부여되는 비중은 인용하는 역사가의 관점에 따라 달라진다. 다음은 주요 주장이다. 마오쩌둥은 "미국에 대항하는 반제국주의 캠페인"을 수행할 필요가 있다고 느꼈고,[124] 중국군을 위한 보급품을 더 멀리 수송해야 하는 문제가 있는 베트남이나 대만보다는 한국에서 이를 수행하는 것이 중국에 더 낫다고 생각했다는 증거가 있다.[125] 스탈린이 장개석 정부를 인정하고 있었기 때문에 소련과 마오쩌둥 사이의 긴장된 관계도 작용했다. 중국의 대북 원조 문제는 1950년 중-소 우호 조약을 체결하는 데 중요한 역할을 했을 수 있다.[126] 마오쩌둥은 "중국 혁명과 항일 저항에서 수많은 한국인이 희생되었기 때문에" 한국인들에게 원조를 해야 한다고 생

---

124) Hao Yufan and Zhai Zhihai, "China's Decision to Enter the Korean War: History Revisited," *The China Quarterly* No. 121 (1990), 97.

125) Ibid., 106.

126) Lester H. Brune, "Recent Scholarship and Findings about the Korean War," *American Studies International* 36, 3 (1998), 3.

각했던 것 같다.127) 마침내 미군이 주축이 된 유엔군이 북한으로 넘어왔을 때 중국은 진격하는 군대가 북한과 중국의 국경에서 멈추지 않고 중국으로 철수 정책을 확장할 것을 우려했다.128)

1991년 이후 소련 기록 보관소에 대한 접근은 소련이 1950년 6월 25일 한국전쟁을 일으킨 공격을 명령한 것이 아니라 "김일성이 스탈린을 설득해 한국 통일을 위한 공격을 지원하도록 했다"는 사실을 분명히 밝혀준다.129) 수십만 명의 목숨을 잃은 후 1953년 7월 27일 휴전이 체결되었다. 엄밀히 말하면 한국전쟁은 끝나지 않았다. 단지 휴전일 뿐이다.

3. 통일에 대한 두 입장

1) 정부의 입장

1950년대 남북한 정부는 '군사력을 통한 통일'이라는 노선을 취하며 대한민국 전역에서 정통성 경쟁을 벌였는데, 가장 격렬했던 시기는 한국전쟁(1950~1953년)이었다. 당시 남한의 이승만 정권은 "북진통일을 통한 통일"이라는 기치 아래 반공 입장을 강화했다.130)

1960년대 공식적인 통일 정책은 "공산주의에 대한 승리를 통한

127) Bruce Cumings, *Korea's place in the Sun*, 284.
128) Yufan and Zhihai, 100-101.
129) Brune, 1.
130) 민성일, 『통일 교실』 (서울: 돌베개, 1991) 163.

통일"이었다.131) 박정희 정권은 통일 문제를 경제 재건과 정치적 안정에 부차적인 것으로 취급했다. 그 결과 1970년까지 남쪽에서 북쪽과 접촉하거나 회담을 하려는 시도나 제안은 없었다.

1970년대는 남북 관계의 역사에서 중요한 전환점이었다. 1972년 7월 4일(7-4 공동성명) 남북한 정부는 한국 통일을 위한 세 가지 원칙을 발표했다: 1) 강대국에 의존하지 않는 자주적 통일, 2) 무력을 사용하지 않는 평화적 통일, 3) 사상과 이념, 제도의 차이를 초월한 민족대단결 추구.132) 그러나 남한 정부는 국가 안보를 명분으로 정부 채널인 '하나의 창구'를 통한 통일 논의를 금지했다.133) 그럼에도 불구하고 박정희 정권은 처음으로 '평화통일'을 주창하며 남북한의 현실을 공식적으로 인정했다(1973년 6.23 남북공동선언).134)

1980년대 전두환 군사 정권의 입장은 기본적으로 70년대의 통일 정책을 따랐다. 그러나 전두환은 한국의 통일보다는 한미 방위 협정을 강화하는 데 더 많은 관심을 기울였다. 연례적인 군사훈련을 포함한 긴밀한 한미 공조가 통일에 도움이 되지 않는다고 생각하는 사람들이 많았다.135)

1980년 10월 10일, 북한은 "연방제에 합의하면서 두 정부 체제의 존재를 인정하고 모든 국제 스포츠 행사에 남북 단일팀으로 참가

---

131) Ibid., 171.
132) Kang, *Christ and Caesar in Modern Korea*, 129.
133) Ibid., 130
134) 민성일, 178.
135) Kang, *Christ and Caesar in Modern Korea*, 130.

하며 군대 규모를 축소하여 통일을 이룩하자"는 "고려민주연방공화국"을 제안했다.136) 이 계획은 "하나의 민족, 하나의 국가, 두 개의 정부 체제"를 의미한다. 이 계획은 매우 현실적인 접근 방식이었고 국내외 기독교 단체들 사이에서 상당한 주목을 받았지만, 전두환 정권은 이를 진지하게 받아들이지 않았다. 1980년대 중반부터 국제사회의 화해 무드에 힘입어 남한 정부는 점차 통일을 위한 민족 회담의 문호를 개방하고, 정치적 목적이 없는 민간인의 방북을 허용하기 시작했다.

1988년 7월 7일 노태우 대통령은 통일 문제에 대한 자유로운 토론을 허용하는 등 평화 통일을 이루기 위한 6가지 사항을 골자로 하는 통일 정책을 발표했다.137)

1993년 2월 25일 김영삼 새 대통령이 취임하면서 '3단계, 3통(三通) 통일정책'을 선언했다. 1단계는 '화해와 협력' 단계, 2단계는 '남북연합' 단계, 3단계는 '1민족, 1국가 통일' 단계이다. 그럼에도 불구하고 그의 통일 접근법은 매우 보수적이었다. 예를 들어 김영삼 대통령시절, 1993년 3월 7일 한미 합동 군사 훈련인 팀스피리트 훈련이 시작되었다. 실제로 노태우 대통령 시절에는 북한과의 평화적 관계를 위한 제스처로 연례 훈련이 중단되기도 했다.

1990년대 후반 김대중 대통령은 북한과의 화해를 위한 '햇볕정책'을 시도하기로 결심한다. 햇볕정책에는 몇 가지 원칙이 있다: 1)

---

136) Ibid.
137) Ibid, 136.

북한에 대한 침략 금지, 2) 북한의 군사적 침략에 대한 강력한 방어, 3) 정치, 경제, 문화 및 기타 분야에서의 교류. 이어 노무현 대통령 정권(2003~2008년)은 기본적으로 김대중정권의 햇볕정책을 지속하기로 약속했다.138)

이명박 정부(2008~2013년)는 실용적이고 결과 지향적인 접근을 통해 상호 이익과 공동 번영을 위한 남북관계 진전을 목표로 했다. 박근혜 정부(2013~2017년)는 '한반도 신뢰구축 프로세스'를 통해 국민 모두가 행복한 새로운 통일 한국을 실현하겠다는 구상을 제시했다. 그러나 두 정부는 기본적으로 흡수통일을 추구하고 있다.

문재인 정부(2017-2022)의 한반도 정책은 한반도 비핵화와 남북 간 군사적 신뢰 구축, 한반도 긴장 완화를 통해 한반도 평화와 번영을 실현하고, 북한의 경제 발전과 국제사회 참여를 돕고 남북 모두에게 이익이 되는 경제협력을 추구하는 '공동번영을 위한 평화'를 남한이 주도하는 종합 정책이다. 상호 존중의 정신에 기반한 '평화 우선주의'에 중점을 두고 있다.

윤석열 정부(2022- 현)는 담대한 구상이라는 구호로 북한이 비핵화하면 경제적 후원을 하겠다는 계획으로 북한에 대한 통일 정책을 가지고 있다. 문재인 정권과는 완전히 결이 다른 통일정책이다. 문재인 정권하에서는 화해와 상호 생명존중을 위한 협력이 확대되고 있었지만, 남북 정치 관계는 북핵 문제 해결이라는 새로운 장애물에 직

---

138) Ibid., 146-147.

면해 있었다. 사실 한반도의 분단으로 인해 막대한 군사비가 소요되고 있으며, 이로 인해 정부는 국민들의 복지 증진에 소홀할 수밖에 없다. 한국이 군사비를 조금만 줄인다면 노인과 장애인을 위한 복지 혜택뿐만 아니라 모든 학생에게 중학교 교육을 제공할 수 있을 것이다.139)

2) 교회의 입장

1950년대 한국 기독교는 한국전쟁으로 200여 명의 교회 지도자를 잃는 쓰라린 경험을 했다. 이 경험은 남한의 기독교가 반공이라는 이데올로기를 갖게 하는 계기가 되었다. 통일에 대한 교회의 입장은 대체로 철저하게 반공주의적이었다.140)

1961년 5월 16일, 군부가 쿠데타를 일으켜 박정희 정권이 집권했다. 공식 정책은 반공, 선 건설, 후 통일이었다. 이에 따라 교회는 국가가 반공 노선을 유지해야 한다는 전제하에 통일에 초점을 맞추었다. 당시 많은 교회는 통일보다는 소외된 자, 가난한 자, 그리고 교회의 성장에 관심을 기울였다.

1970년대에는 보수 교회와 진보 교회의 차이가 극명하게 드러났다. 대부분의 한국 교회는 보수적인 성격을 띠고 있어 사회 문제에 거의 관심을 기울이지 않는다. 오히려 개인의 영적인 문제에만 관심

139) http://www.parisforum21.org/book/05_2_1_policyforum.hwp; see 4
140) *The Korean Church and Unification* ed., Korea Association for Christian Studies, (Seoul, Korea: Inter Varsity Press, 1994), 125.

이 많다. 통일에 대한 입장도 반공 노선에 서 있다. 반면에 진보적인 교회들은 통일운동을 비롯한 한국 사회문제에 깊이 관여하게 되었다. 당시 이들의 주된 관심사는 인권이나 민주화 선언에 관한 것이었다. 이러한 통일무드가 조성되는 계기로 진보적 교회는 통일운동에 참여하여 남과 북의 화해와 공존을 추구해 왔다.141)

1980년대 이후 보수적인 교회는 복음화의 관점에서 통일을 고민했고, 진보적인 교회는 정의와 하나님의 선교라는 관점에서 통일을 고민했다. 또한 남한의 한국교회협의회와 북한의 조선그리스도교연맹 간에는 몇 가지 중요한 접촉이 있었다:

(1) 도잔소 회의(1984년 10월 29일-11월 2일)
1984년 일본 도잔소에서 남과 북의 교회 대표들이 만났지만, 북측 대표들은 오지 않았다. 이 회의에서 한국의 통일 문제가 많은 관심을 받았다. 이 회의에서는 "한반도 통일을 포함하여 평화와 화해, 일치를 이루려는 한국의 시도를 지지하고, 기독교인들과 북한 정부와의 건설적인 관계를 수립하기로" 결정했다.142)

(2) 제1차 글리온 회의(1986년 9월 2~5일)
남과 북의 기독교 지도자들이 분단 이후 처음으로 스위스 글리온에서 만났다. 남북의 지도자들은 주의 만찬을 나누면서 그리스도안

---

141) Ibid., 126.
142) Kang, *Christ and Caesar in Modern Korea*, 132.

에서 친교를 나누었다. 이러한 교제 효과에 힘입어 1987년 미국 교회협의회는 대표단을 파견하여 북한을 방문했다.143)

(3) 제2차 글리온 대회(1988년 11월 24-25일)
이 회의에 참석한 40명의 대표들은 민족 화해를 위해 일하겠다는 의지를 재확인하고 1972년 남북한 정부가 채택한 통일의 3대 원칙에 합의했다. 대표단은 '한반도의 평화와 통일을 위한 글리온 선언'을 채택했다. 이 회의에서는 1995년을 '평화와 통일을 위한 희년의 해'로 선포할 예정이었다.144)

1988년 2월 29일, 한국기독교교회협의회(KNCC)는 처음으로 공식적으로 "민족 통일과 평화에 대한 한국 교회 선언"을 발표했다. 이 때문에 KNCC는 대부분의 보수 교회 지도자들로부터 친공 단체라는 비판을 받았다. 통일에 대한 KNCC의 입장은 다음과 같다. 첫째, 통일은 평화적이고 화해적인 방법으로 이루어져야 한다. 둘째, 통일은 강대국의 간섭 없이 우리 민족 스스로 이루어야 한다. 마지막으로 통일의 주도권은 민중에게 있어야 한다. 요컨대 통일은 소수가 아닌 모든 민족에게 이익이 되는 것이어야 한다는 것이다. 그러나 KNCC는 통일 후 어떤 국가구조를 수립할 것인지, 어떤 형태의 정부를 구성할 것인지 등 구체적인 방안을 제시하지 않고 있다.

---

143) Ibid.
144) Ibid., 137.

4. 통일의 신학적 근거와 윤리적 이유

서광선 박사는 저서『그리스도 안의 한국 민중』에서 통일의 신학적 근거를 세 가지로 설명한다: 1) 희년 사상, 2) 하나님의 평화인 샬롬, 3) 하나님 나라에 대한 비전이다. 그에 따르면, 통일을 실현하기 위해 노력하면 할수록 분단된 한국의 통일을 위한 새로운 신학적 정립을 고민하고 발전시켜야 한다.145) 그런 의미에서 민중신학은 2세대, 3세대에 걸쳐 통일과 세계를 위한 신학으로 발전할 수 있을 것이다. 한국교회는 민족의 샬롬을 위한 신학을 개발해야 한다. 평화와 정의의 투쟁을 위해 하나님은 우리 편에 서 계신다.

통일은 다음과 같은 윤리적 이유 때문에 우리 민족이 해야 한다: 첫째, 윤리적 이유는 깨어진 공동체를 회복하기 위해서이다. 일반적으로 이산가족의 수는 약 1만 명으로 추산되고 있다. 북한 통계에 따르면 북한 인구의 3분의 2가 남한에 있는 난민과 관련이 있다고 한다. 이는 분단으로 인해 대한민국 국민 대다수가 깨어진 공동체 속에서 고통받고 있다는 것을 의미합니다.

두 번째 이유는 인간의 존엄성을 회복하기 위해서이다. 분단 이후 분단된 조국의 통일을 위한 길을 제시하는 것만으로도 기본적인 인권이 박탈당했다. 수많은 학생, 지식인, 양심수들이 통일운동에 참여했다는 이유로 고문을 당하고 감옥에 갇혔으며 심지어 죽임을 당

---

145) Suh, *The Korean Minjung in Christ*, 184.

하기도 했다. 아직도 전향하지 않은 비전향 장기수들이 '간첩 활동'을 했다는 이유로 30~40년 동안 감옥에 갇혀 있다. 이런 심각한 인권 침해로부터 해방되기 위해서는 하루빨리 통일이 이루어져야 한다.

셋째, 공동의 부를 이루기 위해서이다. 이것은 경제적 불의로부터의 해방을 의미한다. 분단 이후 남과 북은 국방 예산을 지속적으로 늘려왔다. 이는 국민들이 누릴 수 있는 복지나 혜택을 포기했다는 것을 의미한다.

'통일'이라는 용어에 대한 새로운 개념으로 마무리한다. 통일은 1945년 이전의 대한민국으로 돌아가는 것이 아니라, 인류의 정의와 평화를 위해 새로운 것을 추구하는 역동적인 과정이다. 통일은 한민족의 통일된 국가를 새롭게 만드는 것이다. 통일이란 남북한 주민은 같은 하나의 민족이며, 다시 하나의 국가가 되어야 한다는 사실을 반영하는 민족공동체의 공유와 공동 참여에 기반한다. 진정 사랑과 공의가 입맞춤하면서 서로 한 공동체의 민족으로서 정의로운 평화를 추구하면서, 새로운 일치의 시민사회를 이루어가는 과정에서 통일은 선물로 주어질 것이다.

5. 결론

서론에서 언급했듯이 한반도의 분단은 미국과 러시아 간의 냉전의 부산물이다. 그 결과 많은 사회적, 윤리적 문제가 남아 있다. 이러한 문제들을 극복하기 위해서는 '통일'이라는 용어에 대한 새로운 개념을 찾아야 한다. 통일은 한국에서 1945년 이전의 상태로 돌아가는 것이 아니라, 인류의 정의와 평화를 위해 새로운 공동체를 추구하는 역동적인 과정이다.

이제 한반도 통일을 이루기 위해 우리가 어떤 연대와 의리를 가져야 하는지를 주장하며 이 글을 마무리한다. 통일을 이루는 데 가장 큰 걸림돌은 정부의 통일운동 탄압이 낳은 국민들의 분단 지향적 사고이다. 따라서 국민들의 기존 사고를 통일 지향적 사고로 전환시키는 것이 중요하다. 이를 위해 지식인들의 역할이 절실히 요구된다. 개인적 차원은 물론 조직적 차원에서도 글쓰기, 강연, 시국선언 등을 통해 양측의 적대적 감정을 극복할 수 있다.

비정부 차원의 통일을 위한 많은 단체들이 조직되어야 한다. 특히 교회는 풍부한 인적-재정적 자원을 바탕으로 국민들의 분단 지향적 사고를 극복하는 데 중요한 역할을 해야 한다. 이를 통해 교회는 지역사회에 거주하는 주민들을 대상으로 통일을 위한 프로그램을 운영할 수 있을 것이다. 또한 주민들의 분단 지향적 사고를 극복하는 데에도 큰 역할을 할 수 있다. 또한 교회의 역할과 관련하여 교회는 아이들에게 다가올 통일에서 어떻게 살아야 하는지를 가르치는 데 힘써야 한다. 교회는 경제 공동체로서 기능해야 한다: 교회는 통일을 위해 어떤 비용이 들더라도 재정을 분배하여 통일을 위해 일해야 한다.

한반도의 통일 문제는 단순한 감정적 접근이 아닌 현실적이고 실용적인 접근을 통해 해결해야 한다. 통일 이후 직면하게 될 경제 문제, 정치 체제, 한반도 주변의 지정학적 문제(미국, 러시아, 중국, 일본)

등 여러 가지 어려움에 대해 충분히 고려해야 한다. 따라서 통일 문제는 충분한 시간을 갖고 차근차근 긍정적으로 대처해 나가야 할 것이다.

Bibliography

Madang Journal Editors, Theology of Life & Peace in Korea. Seoul, Korea: Dong Yeon Press. 2013.

_____. Justice & Minjung Theological Reflections in the Age of Global Empire. Seoul, Korea: Dong Yeon Press. 2013.

Kang, Wi Jo. Christ and Caesar in Modern Korea: A History of Christianity and Politics. Albany, NY: State University of New York, 1997.

_____. Religion and Politics in Korea under the Japanese Ruling Power. Seoul,

Korea: The Christian Literature Society of Korea, 1976

Cumings, Bruce. Korea's Place in the Sun: A Modern History. New York, NY: W.W. Norton & Company, 1997.

Lee, Ki-baik. A New History of Korea. Translated by Edward W. Wagner with Edward J. Shultz. Cambridge, Massachusetts: Harvard University Press. 1984.

Brune, Lester H. "Recent Scholarship and Findings about the Korean War," American Studies International 36, No. 3 (1998): 4-16.

Noh, Jong-Sun. The Third War. Seoul, Korea: Yonsei University Press, 2000.

_____. God of Reunification: Toward a Theology of Reunification. Seoul, Korea: Yonsei University, 1990.

민성일. 『통일 교실』. 서울: 돌베개, 1991.

Sandler, Stanley. The Korean War: No Victors, No Vanquished. Lexington, Kentucky, 1999.

Stueck,William. The Korean War: An International History. Princeton, NJ: Princeton University Press 1995.

Sunoo, Hak-Won. Peace and Unification of North and South Korea. Beverly Hills, CA: The Research Association for Juche Idea in U.S.A., 1989.

Suh, David Kwang-Sun. The Korean Minjung in Christ. Kowloon, Hong Kong: The Christian Conference of Asia, 1991.

Yufan, Hao and Zhai Zhihai. "China's Decision to Enter the Korean War: History Revisited," The China Quarterly No. 121 (1990): 94-115.

하나님 나라의 윤리

지은이 박삼경

발행처 열린서원
발행인 이명권
발행일 2023년 8월 25일

주소 서울특별시 종로구 창덕궁길 117, 102호
전화 010-2128-1215
팩스 02) 2268-1058
전자우편 imkkorea@hanmail.net
등록번호 제300-2015-130호(1999년)

값 18,000원
ISBN 979-11-89186-31-9 03230